西武鉄道
昭和～平成の記録

解説 山田 亮

JN096451

1979年に登場した新101系（101N系）の西武秩父発飯能行。4両編成を2本併結した8両編成。新101系から正面デザインが変わった。◎吾野～東吾野 1994（平成6）年5月 撮影：山田 亮

.....Contents

雪晴れの中、お茶どころの新宿線狭山市～新狭山を行く701系の急行西武新宿行き。新宿線は本川越駅を出ると狭山市駅まで南西方向に向かって走るため西武新宿行きながら富士山に向かって走る姿を見ることができる。この区間が複線化されたのは平成初期の1991年でこの区間の完成により西武新宿～脇田信号場間の複線化が完成した。
◎狭山市～新狭山　撮影：園田正雄

はじめに

　西武鉄道が大手私鉄であることは疑いがない。だが、1970年代までは「我が道を行く」独自路線を歩んでいた。戦後すぐの時代には当時の国鉄から戦災国電や木造国電を多数購入し、自社所沢車両工場で車体の復旧を行い輸送量増加に対応した。1950年代なかばから他社では高性能車両が登場したが、西武では車体は新造しても台車と部品は在来車からの転用であり、性能面では旧形車だった。いわば質より量であり、通勤輸送と日帰り行楽客の輸送はこれで十分との考えがあったのだろう。だが1963年から私鉄界初の10両編成を走らせ通勤輸送緩和に先手を打ち、20m車でも3ドアで座席数が多く、乗客の立場からは歓迎すべきことだった。

　1969年の秩父線開通を契機に特急車5000系「レッドアロー」、高性能通勤車101系が登場した。1977年からは4ドア車2000系が登場し、車両面でも他社に遜色がなくなり西武のイメージが大きく変わった。

　特急車の登場で西武は観光路線になり「秩父」の魅力が大きくクローズアップされた。特急車も10000系「ニューレッドアロー」、001系「Laview」（ラビュー）と進化し、かつての通勤輸送専業のイメージはなくなっている。通勤輸送面でも地下鉄有楽町線、副都心線と直通し、練馬－石神井公園間複々線化も完成し、通勤輸送緩和への努力は続けられている。本書で西武鉄道の魅力に触れていただければ幸いである。

2022年12月　山田 亮

601系の飯能〜吾野間区間列車。高麗川の渓流に沿って山里を行く。吾野からは正丸峠ハイキングコースがあった。吾野〜秩父間にバスがあり所要90分だった。
◎吾野〜東吾野　1963（昭和38）年9月　撮影：園田正雄

1章

カラーフィルムで記録された
西武鉄道

池袋駅の南側にあった荷物ホームに佇むクモニ1形のクモニ3号。1967年にクモハ311形335号から改造された。池袋線系統で活躍していたが小手荷物輸送がトラック輸送に切り替えられ、荷物電車は用途を失い撮影翌年の1978年1月に廃車となった。外板塗色は赤地にベージュ帯だった。◎池袋　撮影：園田正雄

西武秩父線の開業とともに走りはじめた特急専用車である5000系レッドアローは当初4両編成でデビューした。当初は特急「ちちぶ」と休前日に片道だけ運行された特急「こぶし」だけで運用されていた。1974年に増備車の2次車が登場すると4両編成から順次6両編成に組み替えられていった。◎撮影：園田正雄

池袋駅は国鉄線と並行して設置されており、貨物列車などは連絡輸送も行われている。しかし、次の椎名町との間では山手線をオーバークロスしており、池袋駅を発車した列車は急カーブで約90度曲がり越えていく。新宿線も高田馬場で並行したホームから急カーブして山手線を潜っており、山手線と西武鉄道の接続駅はカーブがつきもののようだ。
◎椎名町～池袋
1964（昭和39）年
撮影：園田正雄

国分寺駅が20m4両編成がホーム有効長の都合で入線することができず、長らく17m3両編成が活躍していた多摩湖線の国分寺〜萩山では351系や371系といった釣り掛け駆動だったり非冷房の車両が遅くまで残っていた。写真は青梅街道駅に到着する371系3両編成の国分寺行き。
◎撮影：園田正雄

1922年に武蔵野鉄道保谷電車庫として開設された保谷車両管理所は、構内の全面改良工事の真っ只中で、1980年まで行われた。長らく新宿線上石神井と並ぶ2大検車区であったが、2000年に保谷車両管理所は武蔵丘車両管理所への組織移転が行われ、同区の保谷電留線となった。
◎保谷車両管理所
撮影：園田正雄

練馬駅に到着する701系池袋行き。練馬駅は豊島線の分岐駅で車両の右奥にある線路がそれだ。701系の纏っているベージュとレッドのツートンカラーは赤電と呼ばれ1960年代の西武鉄道の標準色だった。しかし1969年登場の101系からはレモンイエローを基調とした塗色が採用され、これが標準色となり1980年代半ばまでに赤電塗色は消えていった。
◎練馬　撮影：園田正雄

1969年に新宿線の輸送力増強のために開設された南入曽検車区。開設から数年間はそれまでの新宿線の一大基地であった上石神井検車区を支区として配下におさめていた。新所沢～入曽間にあり、近くに駅はなく入出庫は南入曽信号場で行われている。後に名称が変更され、南入曽車両管理所となっている。
◎南入曽検車区
撮影：園田正雄

多摩湖鉄道からの引継ぎである多摩湖線を行く351系の3両編成。351系は1954年から自社所沢工場で製造されたいわゆる湘南スタイルの17m車。台車、機器は在来車からの流用である。中間車はクハ1311形の運転台を撤去してサハ化した車両。国電サハ17形に相当する。多摩湖線は萩山で折り返し運転である。
◎青梅街道
1981（昭和56）年11月1日
撮影：荻原俊夫

1950年に西武園遊園地の遊戯物"おとぎ線"として開業、1952年には普通鉄道となった山口線。他線とは線路がつながっておらず、軌間は軽便鉄道と同じ762mmで敷設された。起点の多摩湖ホテル前付近には専用の車庫となる山口検車区が開設された。手前に停車しているのはB11形蓄電池機関車で、山口線改称前から活躍していた。
◎山口検車区
撮影：園田正雄

1972年6月から西武山口線（軌間762mm）で軽便蒸気機関車が運行開始された。最初の1号機は頸城鉄道（新潟）から借り入れ謙信号と命名された。写真の2号機は翌1973年9月から井笠鉄道（岡山県）から借り入れた軽便蒸気機関車で信玄号と命名された。1977年には井笠鉄道に返還され、台湾から購入の蒸気機関車に交代した。
◎撮影：園田正雄

軌間762mmの西武山口線西武遊園地前を発車する軽便蒸気機関車527号。1928年にドイツ・コッペル社製で台湾の製糖工場で使われていた。同形の532号機とともに1974年に台湾から購入され西武所沢工場で整備し1977年に山口線に登場した。客車は岡山の井笠鉄道鉄道から購入。1984年5月まで運行されたが、山口線は新交通システム「レオライナー」となって1985年4月25日に開業。この527号は台湾で保存。右は蓄電池機関車B11形。
◎遊園地前
1984（昭和59）年5月
撮影：山田 亮

西武鉄道では1996年に廃止するまで貨物輸送が行われており、国鉄などとも連絡輸送を行っていた。主に運んでいたのは秩父方面からのセメントや石灰石、入間基地へのジェット燃料輸送、沿線向けに重油や小麦粉、飼料、紙など多岐に渡っていた。写真はＥ51形電気機関車が牽引する貨物列車。◎撮影：園田正雄

1976年３月にそれまでの山手線池袋と中央本線国分寺駅での国鉄との貨物連絡から武蔵野線新秋津駅へ変更するために開通した連絡線。所沢から延びる連絡線は所沢～秋津で池袋線と３線で並走し、写真のあたりから別れて国鉄新秋津駅へと向かう。貨物輸送がなくなった現在でも多摩川線車両の入出庫や新造車の甲種輸送などで使われている。◎所沢～新秋津　撮影：園田正雄

青梅街道を発車する401系の国分寺行。401系は701系冷房改造車の増結用として1978年から411系を冷房化、高性能化した車両。元の401系は1964年登場の増結用2両編成。
◎青梅街道
1990（平成2）年8月20日
撮影：山田虎雄

吾野に近い山間部をゆくレッドアロー5000系の「むさし」。「むさし」は池袋〜飯能間運転のため西武秩父への臨時延長と思われる。
◎吾野〜東吾野
1994（平成6）年5月
撮影：山田 亮

秩父線を行く5000系レッドアローの特急「ちちぶ」。列車名は「ちちぶ」で、レッドアローは小田急ロマンスカーと同じく「特急車両」の愛称と考えられる。5000系は1969年9月に第1、2編成が、同年12月に第3編成が登場し、西武初の「外注」車両で日立製作所製である。1970年3月登場の第4編成から西武所沢車両工場製となった。
◎芦ヶ久保〜横瀬
1969（昭和44）年10月19日
撮影：山田 亮

1997年2月22日に行われた「401系、701系引退イベント」が開かれ、池袋ー西武球場前間に運転された401系4両編成の「さよなら列車」。
◎西武球場前
1997（平成9）年2月22日
撮影：山田 亮

1997年2月22日に行われた「401系、701系引退イベント」が開かれ、西武新宿～西武球場前間に701系4両編成の「さよなら列車」が運転され、西武球場前駅で401系と701系の撮影会が開かれ、並びを撮影できた。
◎西武球場前
1997（平成9）年2月22日
撮影：山田 亮

山間部を行く初期101系8両編成の西武秩父行。すでにこの区間には4000系が投入されていたが、土休日には101系も8両で運転された。
◎吾野～東吾野
1994（平成6）年5月
撮影：山田 亮

前面窓回りがブラックになった新101系の飯
能行。13‰の勾配標識が見える。
◎吾野～東吾野
1994（平成6）年5月
撮影：山田 亮

451系2両と701系4両の休日ハイキング急行西
武秩父行。右側は国道299号線が平行している。
秩父線は正丸トンネルなどの長大トンネルがあ
るが、通過車両の制限（Ａ－Ａ基準など）は適用
されず、半鋼製の在来車両も入線できた。
◎芦ヶ久保～横瀬
1969（昭和44）年10月19日
撮影：山田 亮

701系4両と旧形車（501系と思われる）を併結した6両編成の準急池袋行。準急は石神井公園まで各駅停車だった。
◎横瀬〜芦ヶ久保
1969（昭和44）年10月19日
撮影：山田 亮

501系4両と451系2両を併結した休日ハイキング急行「奥武蔵」、ヘッドマークを付けている。「奥武蔵」は所沢および飯能〜西武秩父間各駅に停車し所要95分、「奥秩父」は所沢、飯能だけ停車で所要90分だった。秩父線は101系、5000系だけでなく在来車両も運転された。
◎芦ヶ久保〜横瀬
1969（昭和44）年10月19日
撮影：山田 亮

西武秩父で待機する5000系レッドアローの「ちちぶ」号、5000系第1編成で先頭はクハ5501。休日は4往復運転されたが、平日は2往復で東京〜秩父間を往来する旅客数の少なさを物語る。当時の秩父はハイキング、山歩きの目的地であったが、いわゆる日帰り観光地で宿泊する人は少なかった。
◎芦ヶ久保〜横瀬
1969（昭和44）年10月19日
撮影：山田 亮

飯能〜西武秩父間折返し運転の4000系8両編成。4000系は1988年に観光輸送、団体輸送のために登場した2ドア、セミクロスシート車。現在でも飯能〜西武秩父間の各停列車として運行され、飯能〜三峰口、長瀞間の秩父鉄道直通電車（土休日運転、横瀬で分割併合）としても運行。ホームドア設置の関係で現在では池袋線などには入線しない。
◎吾野〜東吾野
1994（平成6）年5月
撮影：山田 亮

101系4両の秩父線電車。当時の秩父線一般列車は池袋〜西武秩父直通の「準急」（石神井公園〜西武秩父間各停）が40分間隔で朝夕は「急行」（所沢〜西武秩父間各停）が30分間隔だった。101系は1969年に登場した150kWモーター、抑速ブレーキ・発電ブレーキを備えたHSCブレーキを装備した高性能車で在来車との連結を考慮していない。塗色は黄色とベージュで中間電動車モハ101（奇数車）には2台のパンタグラフを備えている。黄色が秩父の緑に映える。
◎芦ヶ久保〜横瀬
1969（昭和44）年10月19日
撮影：山田 亮

横瀬に待機するE851形852号機。秩父線では横瀬の三菱セメント工場からのセメント輸送を行うことになり、秩父線の25‰勾配に対応し国鉄EF65と同等の出力2550kWのE851形が登場した。鮮やかな赤と丸窓が特徴。貨物列車は池袋、国分寺で国鉄と中継し、昼間の池袋線でもE851牽引の貨物列車が見られた。
◎横瀬
1969(昭和44)年10月19日
撮影：山田 亮

1993年に登場した10000系はニューレッドアロー（New Red Arrow、略称NRA）と呼ばれるが、2011年11月から10105編成の塗装が5000系レッドアロー復刻塗装となった。2021年5月、「ラストラン」として臨時特急として運行された。画面左後方は横瀬トンネル。10000系は001系「ラビュー」（Laview）の池袋線投入に伴い約半数が廃車された。
◎芦ヶ久保－横瀬
2021(令和3)年5月16日
撮影：山田 亮

横瀬トンネルをでて生川橋梁を渡る10000系レッドアロークラッシック編成の臨時特急。2021年4月に10000系は定期運行を終了し、5月に狭山線、池袋・秩父線、新宿線で臨時特急として運行された。6月5日の「西武新宿発武蔵丘行！レッドアロークラッシックで行く西武・電車フェスタ直通ツアー」が最後の営業運転である。
◎芦ヶ久保－横瀬　2021(令和3)年5月16日　撮影：山田 亮

2章

モノクロフィルムで記録された
西武鉄道

1963年に登場した601系の4両編成。先頭はクハ1601。西武初の高性能車だがクハ1601形の台車は旧形車の再利用。
池袋～清瀬の行先表示がある。写真左に貨物ホームが見える。◎清瀬 1963（昭和38）年1月 撮影：園田正雄

西武鉄道の歴史

西武鉄道は2012（平成24）年5月7日に創立100周年を迎えたが、これは西武最古の路線である川越鉄道の創立日（1892＝明治25年8月5日）ではない。西武鉄道がその始祖と位置付ける武蔵野鉄道（1912年5月7日）の創立から100年ということで、最古の路線である川越鉄道の創立から20年の開きがある。東急電鉄においても創立日をその始祖である目黒蒲田電鉄の創立日（1922年9月2日）としているが、東急最古の路線は1903年10月4日創立の玉川電気鉄道で、渋谷－玉川（現・二子玉川）間の開通は1907年8月で、約20年の開きがある。同線は現在では地下化され、田園都市線の一部となっている。

本稿では、西武最古の路線である川越鉄道（現・国分寺線、新宿線の一部）から始め、武蔵野鉄道、旧西武鉄道、1945年に発足した現・西武鉄道（発足時は西武農業鉄道）の順に解説し、多摩鉄道、多摩湖鉄道についてもあわせて述べることとする。戦後の西武鉄道は不動産、観光、流通など幅広く展開する西武グループの中核となったが、本稿では鉄道関係に絞って述べることにする。

川越鉄道の開通

埼玉県のほぼ中央部に位置する川越は城下町であり1890年代では埼玉県下では最大の人口を擁していた（市制施行は1922年）。江戸時代から物資の集散地で江戸（東京）との連絡は新河岸川の舟運であった。明治になり1883年に日本鉄道（後の東北本線、高崎線）が熊谷まで開通し、1889年に甲武鉄道（後の中央本線）が八王子まで開通すると、川越や所沢などの有力者たちの間でこの両線との間に鉄道を建設し東京への便を図ろうとの機運がでてきた。日本鉄道の大宮付近へは荒川の架橋が必要なため、平坦地で建設の容易な国分寺で甲武鉄道に連絡するルートとなった。

1892（明治25）年6月に国分寺－川越間の路線免許が下り、同年8月に川越鉄道が設立された。資金面でも工事面でも甲武鉄道の援助をうけ国分寺－川越（現・本川越）間が1895（明治28）年3月21日に開業した。非電化で蒸気列車が運行され、国分寺で甲武鉄道と接続して東京への便を図った。営業面でも甲武鉄道に委託され、同鉄道の国有化（1906年10月）まで続いた。

川越電気鉄道の開通

川越－大宮間に鉄道を建設し、日本鉄道（後に東北本線、高崎線）と連絡する動きがあったことはすでに述べたが、1895年には川越－大宮間に乗合馬車が運行を開始した。1906（明治39）年4月16日に川越久保町－大宮西口間に川越電気鉄道が開業した。軌間1372mmで大部分が道路上を走り路面電車タイプの車両で、所要時間は約1時間だった。同社は電力事業も行っていたが、1914年に他の電力事業者と合併して武蔵水電となった。1922年に武蔵水電は帝国電灯に合併され、川越－大宮間電気軌道もその一部門になったが、同社は鉄道を経営する意思はなく、同年11月に武蔵野鉄道へ譲渡され、同日付で西武鉄道に改称した。

東上鉄道、武蔵野鉄道の開通

川越鉄道の業績は好調だったが、遠回りのため川越と東京との短絡ルートを建設する機運が高まった。巣鴨（東京）－川越－藤岡－渋川を結ぶ壮大な計画のもと、東上鉄道が創立され起点を池袋としたうえで1914年3月に池袋－川越（現・川越市）－田面沢（入間川の東岸）間が開通した。東上鉄道は資金難で当初から東武鉄道の系列会社で1920年4月に東武鉄道と合併し東武鉄道東上線となった。

次の東京への短絡ルートは川越とならぶ人口集積地、物資の集散地であった所沢、飯能と東京（巣鴨）を結ぶ武蔵野鉄道である。巣鴨を起点にしたのは山手線と中山道が交差する当時の繁華街だったからである。1911年10月に巣鴨－飯能間の路線免許が下り、1912年5月7日に武蔵野鉄道が設立され、起点を池袋としたうえで1915（大正4）年4月15日、池袋－飯能間が一気に開業した。所沢で川越鉄道に連絡し、駅業務は川越鉄道に委託したが、これが後年に武蔵野、旧西武鉄道両社で乗客争奪戦が起きる遠因となった。

東上、武蔵野ともに開業時は非電化で蒸気鉄道だった。これは明治時代末期から大正にかけて全国各地で沸き起こった、国に頼らず地域の有力者、地主などが出資する地方鉄道建設運動の一環でもある。これがすでに開業していた川越鉄道に大きな影響を与えたことは言うまでもない。

多摩鉄道の開通

現在の多摩川線は中央線武蔵境から分岐する西武の離れ小島的な存在である。この鉄道は多摩川の砂利輸送を目的に建設され、玉川電気鉄道（1907年開通）、東京砂利鉄道（1910年開通、1920年国有化、後に下河原線となる）と同様である。多摩鉄道設立は1910年8月で、武蔵境－北多磨（現・白糸台）間が1917年10月に開通、是政までは1922年6月20日に開通している。1927年8月30日に旧西武鉄道に合併されたが、戦後まで非電化で全線電化は1950年11月である。

武蔵野鉄道の電化と新線建設

蒸気鉄道だった武蔵野鉄道は1922年10月に池袋

－所沢間が電化され、飯能までの電化は1925年12月である。明治末期から大正にかけて山手線西部（池袋－新宿－品川間）沿線とその西側の開発が進んだ。わが国において中産階級が成立したのは大正時代中期（1920年前後）とされているが、財閥系大企業や官庁などに勤務する中産階級は職住分離で郊外に住宅を求める傾向が強く、それに呼応するように郊外の宅地化が進んだ。武蔵野鉄道の電化はそれに対応したものであるが、宅地化は池袋から近い部分だけでそこを過ぎると武蔵野の風景が広がっていた。

同社は積極経営で観光開発や路線の延長をはかった。豊島園遊園地の開設と豊島園線の開業（1927年10月）、村山貯水池を中心とする狭山自然公園への行楽客誘致のための村山支線の開業（1929年5月）、石灰石輸送とハイキング客誘致のための飯能－吾野間延長（1929年9月）が行われた。

東武東上線の電化は武蔵野鉄道より遅く池袋－川越市間が1929年10月、寄居までが同年12月である。現在の西武池袋線、東武東上線はいずれも蒸気鉄道として開通したため、駅構内も概して広く線路配置にも余裕が見られる。最初から「高速電車」として開通した東急、小田急との大きな違いである。

旧西武鉄道の成立

武蔵野鉄道、東上鉄道の開通にもかかわらず川越鉄道は貨物輸送が多かったこともあり経営的に安定していた。一方、当時の電力事業者である武蔵水電はすでに大宮－川越間の軌道を経営していたが、1920年10月に川越鉄道を合併した。すでに川越鉄道は東京へ直結する路線の建設と電化を計画しており、電力事業者にとって電気鉄道は有力な大口需要者だった。

1922年に武蔵水電は帝国電灯に合併されたが、帝国電灯は鉄道を経営する意思はなく新会社武蔵鉄道に譲渡されることになり、1922年11月の譲渡時に西武鉄道と改称された。これが（旧）西武鉄道の始まりである。この時点の西武鉄道の路線は大宮線（大宮－川越久保町、軌道線）、新宿線（新宿－荻窪、軌道線）、川越線（国分寺－川越、非電化）の3線で、路線同士の関連はまったくなかった。

西武新宿軌道線の開通

ここで新宿－荻窪間の新宿線（軌道線）について述べる。1897年に堀之内軌道が新宿－田無間の青梅街道上に軌道（1067㎜）を敷設する免許（特許）を得た。1910年に西武軌道と改称したが建設は進まなかった。1916年頃に武蔵水電が経営に参画した頃から建設が始まり、1921年8月に淀橋（新宿付近）－荻窪間が青梅街道上の路面電車として開業した。

同年10月に西武軌道は武蔵水電に合併され同社

の新宿軌道線となった。翌1922年11月には旧西武鉄道の経営となった。1926年9月には新宿駅東口まで延長されている。戦時中の東京市電気局への運営委託をへて戦後の1951年に東京都に譲渡され都電杉並線となったが、1963年12月に廃止されている。

西武新宿線の開通

1922年に発足した旧西武鉄道は積極経営に転じ、1916年に村山軽便鉄道から譲り受けた箱根ヶ崎－東村山－吉祥寺間の免許および1925年に取得した井荻－高田馬場間の免許により現在の新宿線の建設に乗り出した。平坦線のため建設は順調に進み1927年4月に東村山－高田馬場（仮）間が複線電化で開業し、同時に東村山－川越（現・本川越）間が電化された。翌28年4月に省線（後の国鉄）高田馬場まで延長された。これにより運転系統は変わり高田馬場－川越間が電車で直通し、国分寺－東村山間が非電化のまま残った。

新たな行楽地になった村山貯水池（現・多摩湖）へ向け東村山－村山貯水池前（現・西武園）が1930年4月に開業した。

これにより所沢－都内間は武蔵野鉄道と旧西武鉄道の2つのルートができた。所沢駅の出改札など駅業務は川越鉄道を引き継いだ旧西武が担当したが、都内への乗客の争奪戦も起き両社の駅社員同士の衝突もあったという。

多摩湖鉄道の開通

西武鉄道だけでなく西武グループ全体を率いた人物として堤康次郎（1889～1964）が知られている。強引な経営手法で知られる堤は不動産業に進出し、軽井沢や箱根の開発を手掛け1920年に箱根土地（後の国土計画、現・コクド）を設立した。その堤が初めて鉄道事業に乗り出し、箱根土地は1925年10月に「国分寺大学都市」開発のために国分寺－東村山間の免許を得て建設を始めたが、都心との距離がありすぎて開発が進まず、村山貯水地への行楽客輸送も行うことになった。

1928年4月、系列の多摩湖鉄道国分寺－萩山間が開業し同年11月には本小平まで延長され、1930年1月には萩山－村山貯水池（仮）（現在の武蔵大和付近）が開通した。非電化でガソリンカーが運転されたが、同年5月には国分寺－萩山－村山貯水池（仮）間が電化され、1932年8月には萩山－本小平間が電化された。投入された電車は小型でポール集電だった。

沿線への学校の誘致は当初予定された明治大学予科が不調に終わったが、1933年に東京商科大学予科（現・一橋大学小平国際キャンパス）が誘致され、

商大予科前駅（現・一橋学園）が開設された。この多摩湖鉄道は1940年3月に武蔵野鉄道に合併された。

堤康次郎が経営権を掌握

武蔵野鉄道は新線建設などの投資が負担になり経営難に陥った。堤の率いる箱根土地は武蔵野鉄道の株を買い集め1932年には経営権を握ったが、1934年には武蔵野鉄道は事実上の破産状態になり、堤に経営再建が託されることになった。1930年代後半になると、軍需景気による収入増加で業績が改善し経営再建も軌道に乗った。

1940年3月には多摩湖鉄道を合併し、ほぼ同時期に池袋駅東口の菊屋百貨店を買収し武蔵野百貨店とした。これが後の西武百貨店である。同年10月には堤康次郎が武蔵野鉄道社長になったが、堤は数キロ間隔で平行する旧西武鉄道との合併を強く推進した。旧西武鉄道は東武鉄道の影響下にあったが、株を買い占めることで旧西武鉄道の経営権を握り、1943年6月には堤が旧西武鉄道の社長も兼務したが、武蔵野、西武両社の合併は2年後になった。

新しい西武鉄道として出発

敗戦直後の1945年9月22日に武蔵野鉄道と（旧）西武鉄道が合併し、西武農業鉄道が発足した。社名に農業が入ったのは西武系列の食糧増産会社もあわせて合併したためで、当時の食糧難を反映している。翌1946年11月15日、西武鉄道と社名が変更された。

あらたに成立した西武鉄道は池袋、新宿両線を擁する「大私鉄」になったが、沿線人口が急増した。中央線などと比べ沿線には未開発地が多く土地に余裕があったからである。西武では乗客増に対処するため、国鉄から戦災国電や木造国電を多数購入し車体を更新（木造車は車体新造）して使用した。昭和20年代から30年代の西武は旧武蔵野や旧西武の車両のほかに元国電の車両が西武色になって走っていた。

質より量の西武電車

西武鉄道は車両面では他社のようにカルダン式駆動の高性能車は導入せずつり掛け駆動の旧性能車を自社所沢車両工場で1962年まで造り続けた。西武の新車は1954年に351形（17m、登場時は501形）、1957年に501形（20m、登場時は521形）が登場したが台車、機器は在来旧形車の流用でいわば「セミ新車」「準新車」だった。これは無駄を省いて効率的経営を図るいわば「堤イズム」の反映との見方もできよう。小田急の箱根、東武の日光のような著名観光地が沿線になく、通勤輸送中心で休日は沿線への日帰り行楽客、ハイキング客を運ぶ、それだけなら高性能車でなくても十分という発想だったのだろう。

西武の高性能車は1963年に601系、701系がよう

やく登場したが、先頭クハの台車は旧形車の流用で節約に徹している。だが、西武は朝ラッシュ時の池袋線急行を1960年6月から6両、1961年12月から8両とし、1963年12月から私鉄界初の10両編成を走らせ、いわば質より量の考えで通勤輸送では常に先手を打っていた。

国分寺線、多摩川線、多摩湖線の改良

池袋、新宿線に比べ、西武最古の路線である国分寺線を始め、多摩湖線（旧・多摩湖鉄道）、多摩川線（旧・多摩鉄道）は立ち遅れが目立っていた。国分寺線、多摩川線は戦後になっても非電化のままで蒸気列車が走っていた。国分寺線（国分寺－東村山）は1948年11月に電化されたが、沿線は原野が続くだけで何もなく、1950年の交通公社時刻表では100分間隔となっている。多摩川線（武蔵境－是政）は1950年11月に電化され30分間隔運転になったが、1954年に沿線に多摩川競艇場（当時は府中競艇場）が開設され「ギャンブル線」の観があった。

多摩湖線は電化されていたが車両は小形でポール集電のままだった。だが戦後になり沿線の定住人口が増え、朝夕は開けっ放しのドアから乗客があふれるように乗り危険な状態だった。1954年に架線がシンプルカテナリーになり集電装置もポールからパンタグラフになったが、車両は小形のままで混雑は続いた。1961年9月、600Vから1500Vに昇圧されたが入ったのは旧武蔵野の古い車で支線の悲哀は続いた。

拝島線の開通

拝島線は1950年5月に上水線小川－玉川上水間が開通した。これは1944年に日立航空機立川工場への専用線として建設された線を転用したものである。当時は非電化で気動車で運転されたが、1954年10月に電化された。

1962年9月1日、萩山－小川間に新線が開業し同時に小平－萩山間が上水線に編入され、新宿線との直通運転が開始された。1968年5月15日、玉川上水－拝島間が開通し上水線は拝島線と改称された。西武が拝島線を建設したのは、当時西武グループでは奥多摩の観光開発構想があったからである。

秩父線の開通

埼玉県西部の秩父へはすでに秩父鉄道が熊谷から開通していたが、遠回りのため東京と秩父を短絡する鉄道の建設は地元の悲願でもあった。

1957年に吾野－秩父間の路線免許が申請され1961年に交付された。当時の主目的は武甲山で産出する石灰石を原料としたセメント輸送だったが、西武社内では奥秩父の未開発の自然に注目し秩父の

大規模観光開発も目論み、秩父市内に一大レジャーランドを造る構想もあった。

秩父線（吾野－西武秩父間19.0km）は1967年7月に着工され、正丸トンネル（4,811m）を含む山岳路線を約2年で建設し、1969年10月14日に開業した。秩父線開通により西武鉄道はこれまでの通勤輸送専業から観光路線の要素が加わった。「西武で秩父へ特急83分」と大々的にPRされ、レッドアローの愛称がある5000系「特急ちちぶ号」が登場、同時に急勾配に対応し通勤輸送にも使用できる101系電車が登場した。秩父市内のレジャーランド構想は結局実現しなかったが、長瀞や奥秩父の自然が注目され、現在でも大規模開発ではなく秩父の「手つかずの自然」が大きくPRされている。

西武有楽町線の開通

1960年代に入り池袋線池袋口は輸送量が増加の一途をたどり、早晩行きづまると予測された。1968年の都市交通審議会答申で営団地下鉄8号線（現・東京メトロ有楽町線）が練馬で池袋線と直通運転することが都市計画決定され、1971年には練馬―石神井公園間高架複々線化が都市計画決定された。小竹向原－練馬間は西武が建設することになり1983年10月1日に小竹向原－新桜台間が西武有楽町線として開業したが、池袋線とは接続せず営団の車両を使用した。1994年12月7日に練馬駅高架化の一部完成により西武有楽町線新桜台－練馬間が単線で開通し、西武有楽町線（地下鉄有楽町線直通）は練馬で折り返した。

地下鉄有楽町線との
相互乗り入れと池袋線複々線化

練馬駅高架化完成により、1998年3月26日から西武池袋線・有楽町線と営団地下鉄有楽町線・有楽町

新線（後に副都心線）の相互乗り入れが開始された。

2008年6月14日には東京メトロ（営団地下鉄は2004年4月1日に東京メトロと改称）副都心線が開通し、西武池袋線・有楽町線を経由して副都心線渋谷までの相互直通運転が開始され、2013年3月16日より副都心線、東急東横線を経由して横浜高速鉄道元町・中華街まで直通するようになった。

高架複々線化は1994年12月に富士見台－練馬高野台間が、2003年3月に練馬―富士見台間が完成した。2013年3月16日には東急東横線、横浜高速みなとみらい線との相互直通運転が開始されるとともに、練馬高野台－石神井公園間の高架複々線化が完成し、1968年に決定された練馬－石神井公園間複々線化が45年の時を経て完成した。

旧西武701系の三岐鉄道801系。藤原岳がバックでハイキングのヘッドマーク付きである。クモハ―モハ―クハの3両編成。
◎三里～丹生川　2001（平成13）年3月　撮影：山田 亮

元西武レッドアロー 5000系の富山地鉄16010形。車体のみ譲渡され台車、機器はJRなど各社の発生品である。先頭はモハ16014、1995年から富山地鉄に登場。
◎本宮～立山
2015（平成27）年11月
撮影：山田 亮

西武鉄道沿線案内図

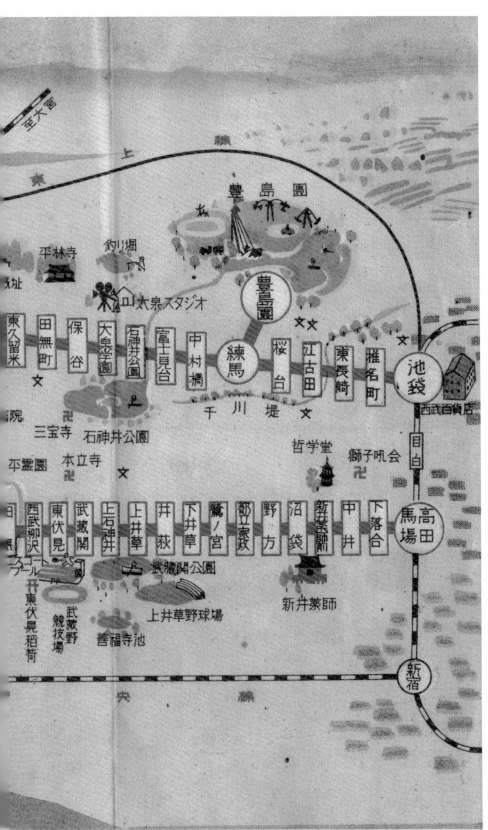

至大宮

上 東

練

豊島園

平林寺

釣り堀

大泉スタジオ

豊島園

東久留米

田無町

保谷

大泉学園

石神井公園

富士見台

中村橋

練馬

桜台

江古田

東長崎

椎名町

池袋

文

西武百貨店

文

跡址

文

院

卍

三宝寺

石神井公園

千川堤

文

目白

哲学堂

獅子吼会
卍

平霊園

本立寺

文

高田
馬場

西武柳沢

東伏見

武蔵関

上石神井

上井草

井荻

下井草

鷺ノ宮

都立家政

野方

沼袋

新井薬師前

中井

下落合

スケートプール

井

東伏見稲荷

武蔵野
競技場

武蔵関公園

上井草野球場

善福寺池

新井薬師

新井薬師
卍

新宿

央 線

1968（昭和43）年に玉
川上水〜拝島間が延
伸する以前の西武鉄
道の沿線案内図。当時
の上水線は1950（昭
和25）年に小川〜玉川
上水間が開業してい
る。所蔵：生田 誠

23

池袋〜東長崎付近 1967（昭和42）年

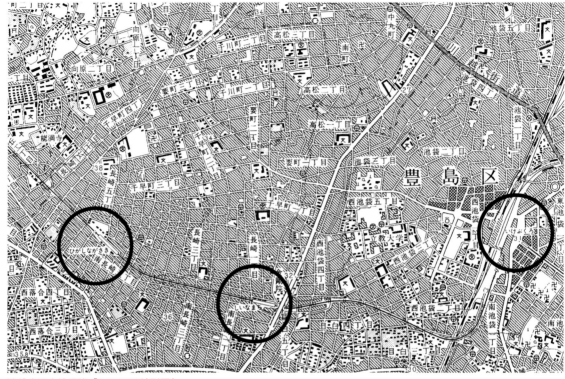

建設省国土地理院「1/25000地形図」

江古田〜中村橋付近 1967（昭和42）年

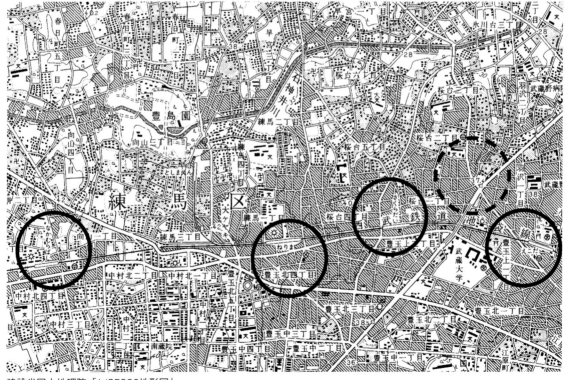

建設省国土地理院「1/25000地形図」

石神井公園〜保谷付近 1967 (昭和42) 年

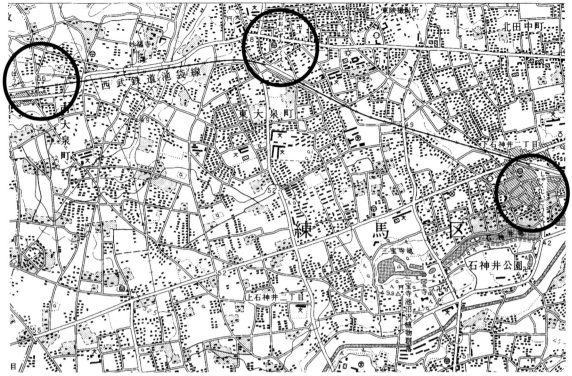

建設省国土地理院「1/25000地形図」

東久留米〜清瀬付近 1967 (昭和42) 年

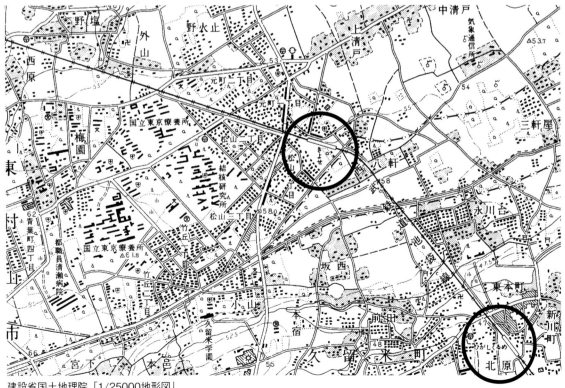

建設省国土地理院「1/25000地形図」

所沢〜西所沢付近 1967（昭和42）年

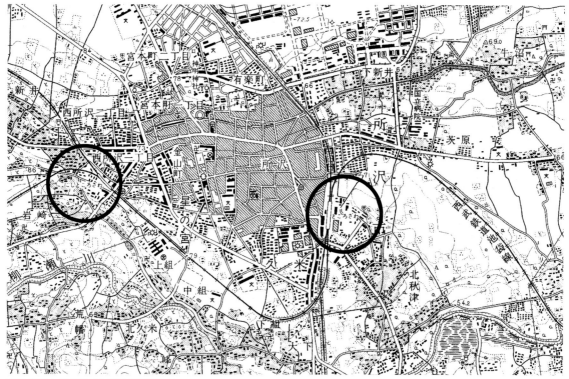

建設省国土地理院「1/25000地形図」

新所沢、小手指付近 1967（昭和42）年

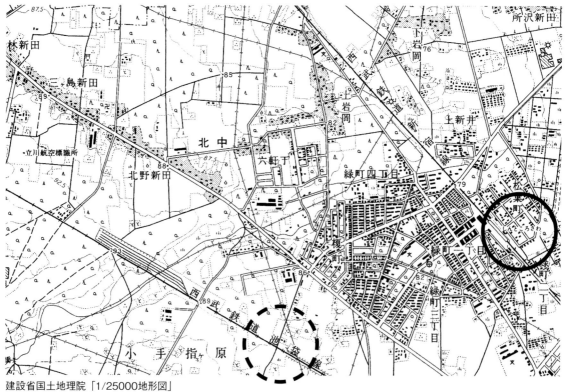

建設省国土地理院「1/25000地形図」

稲荷山公園〜豊岡町、入間川付近 1967（昭和42）年

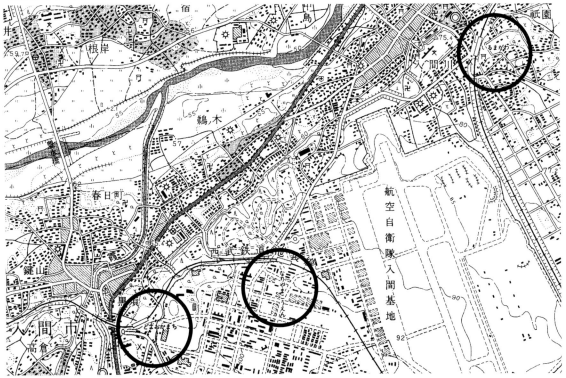

建設省国土地理院「1/25000地形図」

元加治〜東飯能付近 1967（昭和42）年

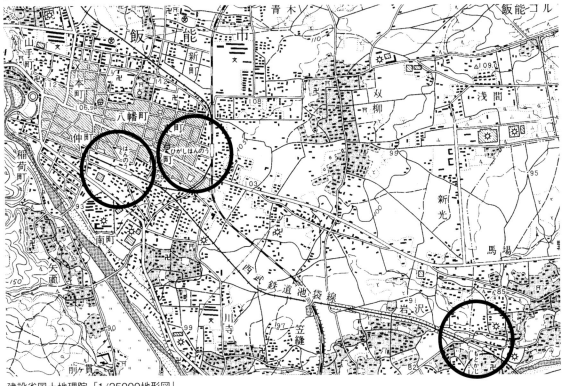

建設省国土地理院「1/25000地形図」

狭山湖、多摩湖、西武園付近 1967 (昭和42) 年

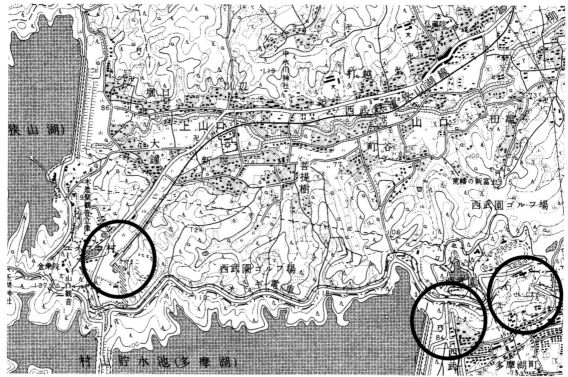

建設省国土地理院「1/25000地形図」

高田馬場〜新井薬師前付近 1967 (昭和42) 年

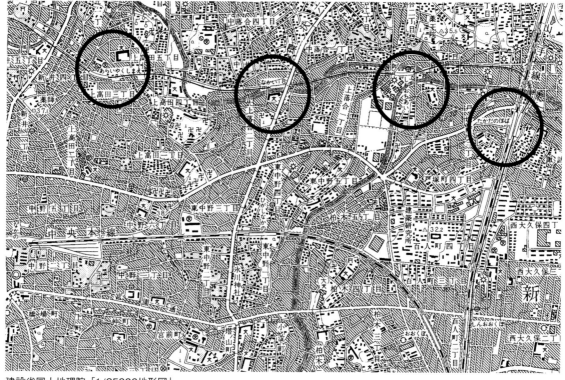

建設省国土地理院「1/25000地形図」

野方～鷺ノ宮付近 1967（昭和42）年

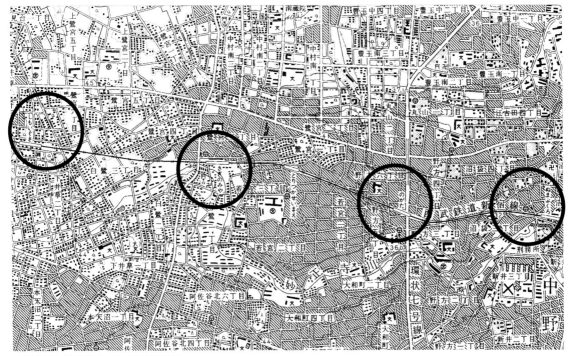

建設省国土地理院「1/25000地形図」

井荻～上石神井付近 1967（昭和42）年

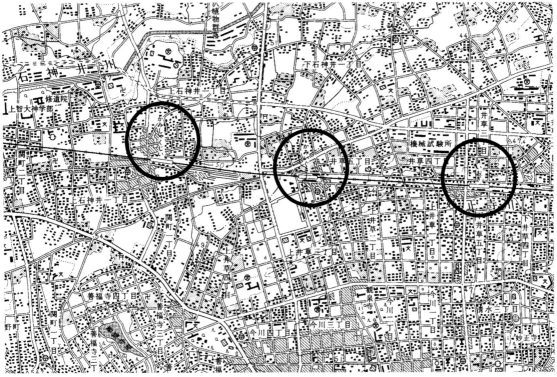

建設省国土地理院「1/25000地形図」

武蔵関～西武柳沢付近 1967（昭和42）年

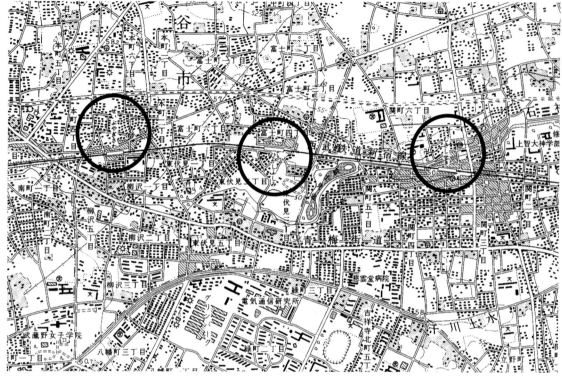

建設省国土地理院「1/25000地形図」

田無～花小金井付近 1967（昭和42）年

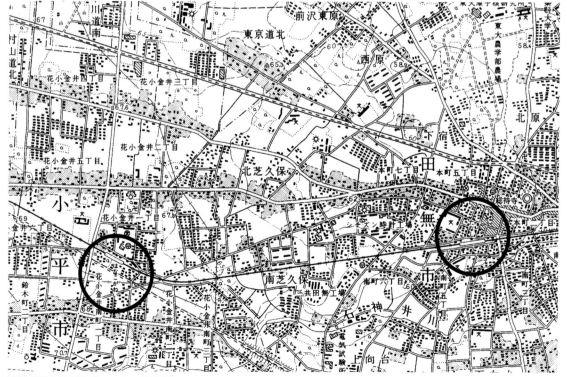

建設省国土地理院「1/25000地形図」

武蔵村山〜西武園付近 1967（昭和42）年

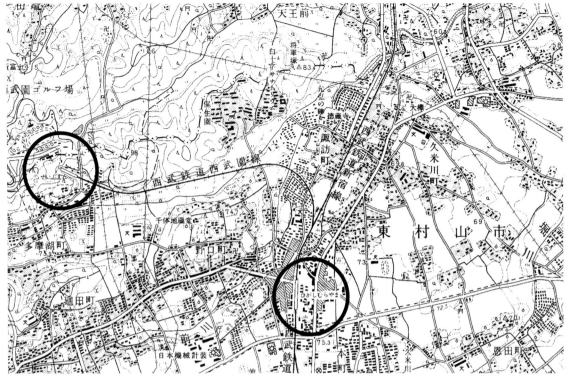

建設省国土地理院「1/25000地形図」

本川越付近 1967（昭和42）年

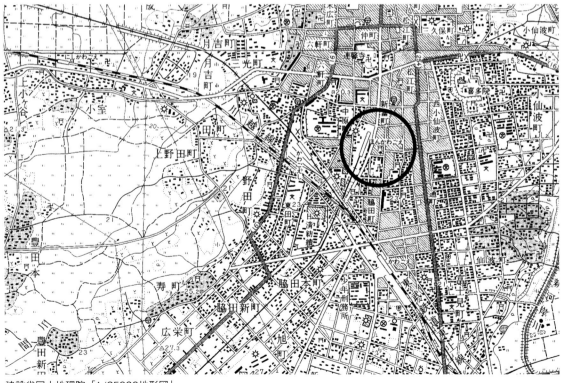

建設省国土地理院「1/25000地形図」

玉川上水付近 1967（昭和42）年

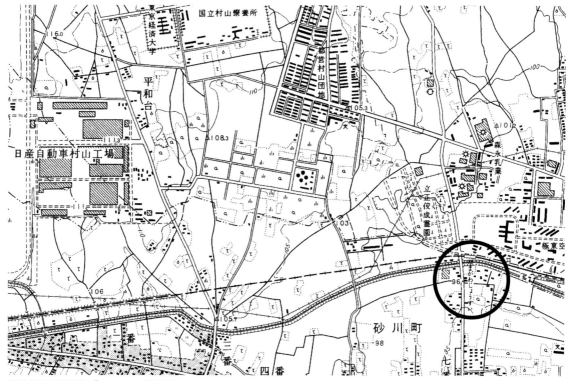

建設省国土地理院「1/25000地形図」

国分寺〜恋ヶ窪付近 1967（昭和42）年

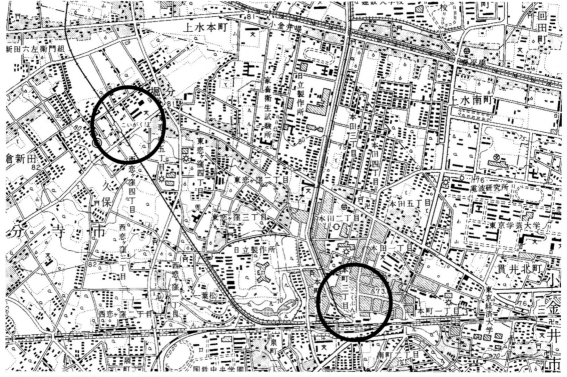

建設省国土地理院「1/25000地形図」

小平～久米川、青梅街道～八坂、小川付近 1967（昭和42）年

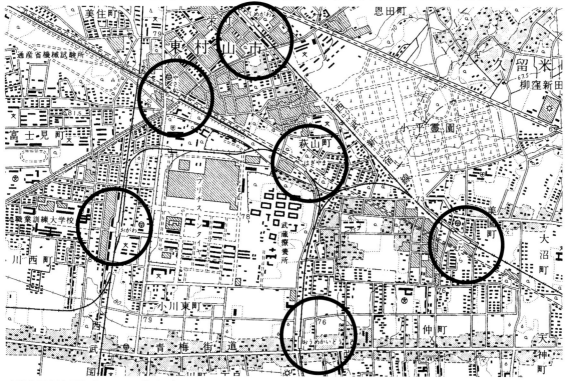

建設省国土地理院「1/25000地形図」

武蔵境、新小金井付近 1967（昭和42）年

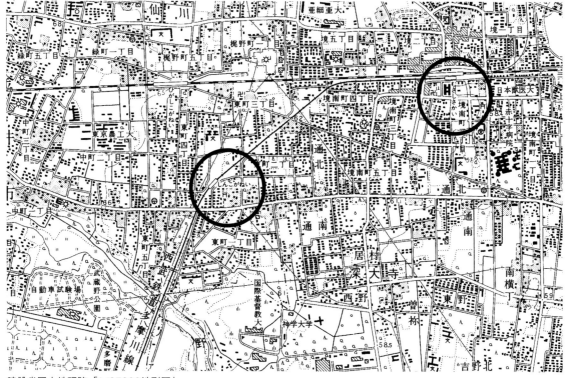

建設省国土地理院「1/25000地形図」

1939（昭和14）年当時の西武鉄道、武蔵野鉄道等の時刻表

（つづき）

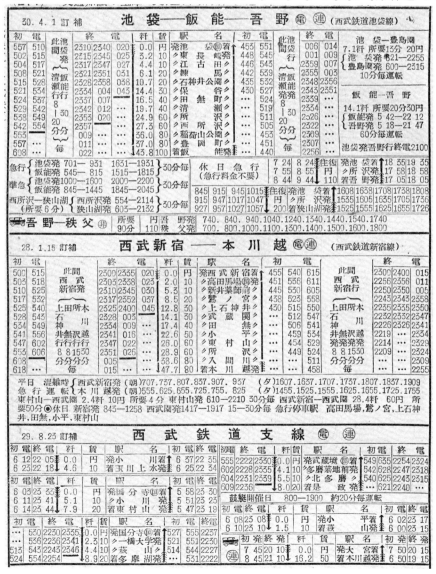

1953（昭和28）～ 1955（昭和30）年当時の西武鉄道の時刻表

池袋線（池袋〜秋津）、豊島線、西武有楽町線

池袋駅7番線（特急ホーム）で発車を待つ5000系レッドアローの「ちちぶ号」西武秩父行（池袋17時38分発、西武秩父着19時02分、所沢、飯能に停車）。1972年時点では、特急は平日2往復、休前日下り4本上り3本、休日4往復だった。夕方の特急は通勤客の利用も多く、1973年11月から飯能行「むさし」（JR流にいえばホームライナー飯能）が運転された。特急の本格的な増発は1976年3月改正時からである。◎池袋　1972（昭和47）年5月　撮影：山田 亮

開通後最初の日曜日、池袋に停車中の701系による休日ハイキング急行「奥武蔵号」西武秩父行。「奥武蔵」のヘッドマークが取り付けられている。休日ハイキング急行「奥武蔵」は所沢および飯能〜西武秩父間各駅に停車し所要95分、「奥秩父」は所沢、飯能だけ停車で所要90分だった。ホームには西武秩父線10月14日開通、特急レッドアロー号で83分の垂れ幕がある。◎池袋　1969（昭和44）年10月19日　撮影：山田 亮

1915年に武蔵野鉄道の駅として開業。東口は西武で、西口は東武で有名な西武鉄道最大のターミナル駅であるが、当初は巣鴨付近を起点予定で鉄道敷設免許交付条件として当駅起点に変更された。国鉄、東武、営団などどとの接続駅で、国鉄とは秋津の連絡線ができるまでは貨物輸送で連絡運輸があった。また駅ビルとして西武百貨店池袋店があり、池袋駅東口の象徴的存在になっている。当駅はそのビルの中に設けられており、ホームは櫛状の頭端式4面4線。時代によってホームの長さや線路配線など度々改良されてきた。
◎池袋　撮影：山田虎雄

西武池袋駅の「華麗なる秋の秩父路へ、西武秩父新線10月14日開通」を伝える案内板。レッドアロー号が描かれ、池袋〜西武秩父83分が盛んにPRされているが、1日あたり平日2本、休前日3本、休日4本と極めて少なかった。
◎池袋
1969（昭和44）年10月
撮影：山田 亮

西武池袋駅コンコースに展示された特急レッドアロー号運転、西武秩父線開通を伝える飾り付け。
◎池袋
1969（昭和44）年10月
撮影：山田 亮

武蔵野鉄道としては12年ぶりの新車クハ5855形5856。2両目はデハ5550形（戦後のモハ231形）。
◎上り屋敷　撮影：鈴木靖人　所蔵：園田正雄

武蔵野鉄道5550形の制御車サハニ5753形で1942年に電動車化されてデハ5753となった。1948年にモハ237となる。
1959年に車体だけ伊豆箱根鉄道に譲渡。◎上り屋敷　1942（昭和17）年8月　撮影：鈴木靖人　所蔵：園田正雄

開業当初は1面2線だった
当駅は1958年に池袋線初
の急行退避駅として2面4
線化された。これには池袋
〜東長崎区間列車を池袋〜
江古田の運転とし、本線を
支障して定時運行を妨げて
いたこれまでの東長崎での
本線折り返しをやめる意図
もあった。2008年に待避
設備が東長崎に変更され相
対式2面2線となった。
◎江古田　撮影：山田虎雄

池袋線を行く17mの旧
国電の戦災復旧車。クハ
1311形とモハ311形の2
両編成。西武では制御電動
車（運転台のある電動車）の
表記は1964年からクモハ
になり、モハ311形もクモ
ハ311形になった。
◎桜台
1954（昭和29）年9月4日
撮影：荻原二郎

武蔵野鉄道デハ2321形
2322。昭和初期の私鉄
向け半鋼製車に共通する
形態。1954年にモハ218
と改番。後にクハ化され
1962年に新潟交通へ譲渡。
◎練馬
1961（昭和36）年12月
撮影：園田正雄

1915年に武蔵野鉄道の駅として開業した当駅は1927年から豊島線の分岐駅となった。しかし、旅客ホームは1面2線で揃いており、1964年に貨物ホームや貨物側線を潰してでも2面4線化がなされた。その直後には橋上駅舎化も行われ写真の駅舎は役目を終えている。
◎練馬　1964（昭和39）年1月5日　撮影：荻原二郎

営団有楽町線と西武池袋線直通運転のために建設された西武有楽町線は計画では営団有楽町線の池袋〜営団成増開業と同時に開業予定であった。しかし練馬駅付近の工事が遅れ、当駅が1983年に先行して開業し、1994年の練馬までの全線開業まで終始発駅となっていた。そのため西武鉄道の駅であるが、営団の車両しか来なく、営団の駅に行くことしかできない変わった駅だった。
◎新桜台　撮影：山田虎雄

武蔵野鉄道クハ5855形5856は戦後クハ1231形1233となった。1958年に蒲原鉄道（新潟）へ譲渡。
◎練馬　1957（昭和32）年3月　撮影：園田正雄

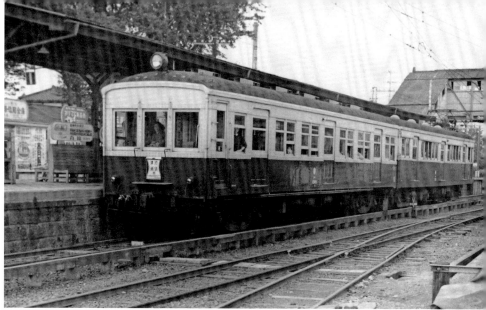

クハ1300形1305とモハ231形（旧武蔵野鉄道デハ5550形）の２両編成、池袋〜清瀬の行先表示がある。このクハ1305は国鉄モハ31形（戦後のクモハ11形200番台）の戦災車両を復旧したモハ311形をクハ化した車両。
◎練馬
1956（昭和31）年９月
撮影：園田正雄

1954年登場の西武初の新車で先頭は登場時モハ501形で湘南スタイルの17ｍ車。中間に20ｍのサハ1411を挟んで４両編成で運行。モハ501形は1958年にモハ411形に、1964年にモハ351形と改番された。
◎練馬
1956（昭和31）年４月
撮影：園田正雄

1963年に登場した701系。性能的には601系と同じだが前面スタイルが多少変わり行先表示が運転台の上に移り巻取り式になった。この前面スタイルは101系まで継承された。
◎練馬
1963（昭和38）年10月
撮影：園田正雄

モハ215-クハ1207の2両編成。先頭のモハ215は1927年に登場した武蔵野鉄道デハ1320形1322を1954年にモハ215に改番した。後ろのクハ1207は木造国電サハ25を国鉄から購入しクハ化した車両。池袋－清瀬の行先表示がある。
◎中村橋　1954（昭和29）年9月4日　撮影：荻原二郎

1915年に武蔵野鉄道石神井駅として開業し、1933年に現在の石神井公園駅に改称された。構内はホームが1面2線で貨物側線や当駅折り返し列車のためのY線がある構造だったが、1962年に貨物側線はそのままにホームが2面3線化された。この時できた中線は両側にホームがあり、直接折り返し運転ができるようになった。
◎石神井公園　1964（昭和39）年1月5日　撮影：荻原二郎

武蔵野鉄道の広窓車デハ5560形とサハ5660形（表記はサハだが運転室付き）の2両編成。1928年製造で広窓でセミクロスシート、2編成4両が製造。昭和初期の関東私鉄としては優美な形態で京浜230形とならぶ「名車」だがファンの間ではあまり話題にならなかった。戦時中にロングシート化、戦後に3ドア化され近江鉄道に車体だけ譲渡。
◎石神井公園〜富士見台
1942（昭和17）年8月
撮影：加藤欽一郎
所蔵：園田正雄

1924年に武蔵野鉄道東大泉駅として開業した当駅は1933年に箱根土地の学園都市計画のため現在の大泉学園駅に改称されたが、教育機関の誘致には失敗し名前だけ残った。丸屋根が特徴的なこの駅舎は開業当初は三角屋根で、上の部分を改築してこの形になったようだ。1983年の橋上駅舎化まで使用された。
◎大泉学園　1962（昭和37）年2月25日　撮影：荻原二郎

E41形が牽引する池袋線の貨物列車。西武鉄道では池袋、国分寺中継で貨物列車が運転されていたが、1976年3月の武蔵野線府中本町〜新鶴見操車場間開通時に、新秋津中継に変更され池袋－秋津間から貨物列車が消えた。撮影者（山田）のメモに撮影地の記録はないが、島式ホームであること、Google Earthで検索した周囲の状況から大泉学園と断定できる。
◎大泉学園　1970（昭和45）年12月　撮影：山田 亮

1922年の武蔵野鉄道電化時に登場した木造車クハニ1211形。3等と荷物車の合造車である。写真右側に白帯の進駐軍（占領軍）専用車（半室）が見える。◎保谷　1947（昭和22）年頃　撮影：園田正雄

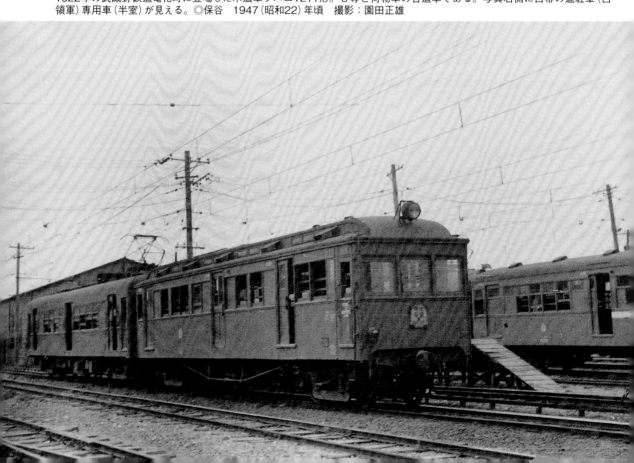

国鉄クハ65形（木造電車の鋼体化車）の戦災復旧車クハ1311形。2両目は国鉄モハ50形で当時の国鉄（運輸省）からの借入車で後に西武が購入した。◎保谷　1947（昭和22）年頃　撮影：園田正雄

敗戦直後は戦災者の沿線居住や買い出し客などで乗客が急増し、西武では国鉄（当時は運輸省鉄道総局）型戦災車両や木造車を多数購入した。特に廃車になった木造国電（戦前の省線電車）サハ25形は多数購入され、クハ化してクハ1221形などとして使用されたが、比較的早く鋼体化の種車（台車、台枠の再利用）として消えた。この車両はサハ25形25039。
◎保谷　1950（昭和25）年　撮影：園田正雄

旧武蔵野のデハ5550形。戦後の1948年にモハ231形になり、1954年頃に3ドア化。この車両はモハ235と思われるが撮影時点ではクハ代用となっていた。◎保谷　1961（昭和36）年1月3日　撮影：辻阪昭浩

1957年に登場した501系の並び。右は旧塗装。西武初の全金属製車体ですべて20m車となった。前面は湘南スタイルで351系を20m化した形態。登場時は521系（先頭はモハ521形）と称したが後に501系（先頭はモハ501）となった。中間車サハ1501形は国鉄サハ57形とほぼ同じであるが台車が異なる。西武では1964年から制御電動車がクモハ表記になりモハ501形はクモハ501形になった。
◎保谷
1961（昭和36）年1月3日
撮影：辻阪昭浩

池袋行の表示のある501系。黄色と茶色（ブラウン）の旧西武色である。
◎保谷　1961（昭和36）年1月3日　撮影：辻阪昭浩

1915年に武蔵野鉄道の駅として開業。戦中の1944年には中島航空金属までの2.84kmの専用線である東久留米駅構外線が
あった。島式1面2線のホームに貨物側線があったが、1970年に相対式2面2線へ変更された。当駅のある東久留米市は久
留米町からの市制移行時に久留米市との混同を避けるのと駅名が親しまれているためこの名称になったようだ。
◎東久留米　1971（昭和46）年6月27日　撮影：荻原二郎

1963年に登場した601系の４両編成。西武初の高性能車だがクハ1601の台車は旧形車の再利用。池袋—清瀬の行先表示がある。
◎東久留米〜ひばりヶ丘 1963（昭和38）年１月 撮影：園田正雄

1917年に武蔵野鉄道の駅として開業。1959年の複線化時点では島式１面２線のホームがあり、北側には貨物側線があった。駅舎は南側だけにあり、ホームとは構内踏切で連絡されていた。1974年には現在の形の相対式の２面２線に改築され、跨線橋も設けられたが、側線は撤去された。◎秋津　1971（昭和46）年６月27日

池袋線（所沢～吾野）、狭山線

1895年に川越鉄道の駅として開業し、1915年には武蔵野鉄道が開業すると両社の共同使用駅となった。都心方面の旅客で競合する両者は当駅にて熾烈な争奪合戦が行われ駅員同士も対立することもあったという。両社が合併すると池袋線と新宿線の両線の乗換駅として発展し、西武所沢車両工場や所沢車両管理所なども置かれ西武鉄道の中核駅として発展を遂げた。
◎所沢　1964（昭和39）年1月5日　撮影：荻原二郎

荷物電車クモニ1形クモニ4。元戦災国電モハ31（戦後はクモハ11形200番台）を復旧したクモハ311形331番台の外板を張り替えた車両で、1967年に荷電に改造された。同形車にクモニ1形クモニ3がある。1978年に荷物輸送の自動車輸送化に伴い廃車。◎所沢　1969（昭和44）年5月15日　撮影：荻原俊夫

451系クモハ451形を先頭にした西武新宿行4両編成。2両目はクハ1411。所沢は池袋線、新宿線が交差し、池袋方面と新宿方面が進行方向が反対になる。川越鉄道によって開設された所沢の構内は広く、左側に貨物ホームが見える。
◎所沢　1964（昭和39）年1月5日　撮影：荻原二郎

クハ1411形（20m車）とクモハ351（17m車）の２両。急行池袋行の表示があるが、急行が２両とは通常ではありえず、臨時列車と思われる。◎所沢　1966（昭和41）年12月18日　撮影：荻原二郎

西所沢を発車する701系の準急飯能行。左側は狭山線狭山湖方面へのホーム。狭山線は1929年５月に村山線として開業。戦時中の休止を経て1951年10月に狭山線として再開。終点狭山湖は1979年３月25日に西武球場前と改称。
◎西所沢　撮影：辻阪昭浩

1929年に武蔵野鉄道山口線の終始発駅 村山公園駅として開業。村山貯水池周辺への観光客輸送を目的として建設された。この貯水池周辺は当時、手軽な観光地であったため、同時期に（旧）西武鉄道や多摩湖鉄道なども周辺に駅を建設している。1933年には村山貯水池際駅へ改称、1941年には村山駅へと再度改称された。戦中は不要不急線に指定され線路が剥がされた。戦後、1951年に狭山線の狭山湖駅として駅業を再開した。現在は1979年に改称された西武球場前となっている。
◎狭山湖（現・西武球場前）
1972（昭和47）年9月23日
撮影：荻原二郎

1966年に池袋線輸送力増強のため西所沢〜狭山ヶ丘間に小手指検車区が開設された際に小手指信号場が設置された。その後1970年11月に駅へ昇格し小手指駅となった。開業当初は駅周辺は閑散としており、駅舎は北側に設置され、各ホームには構内踏切で連絡していたが、1979年に2代目駅舎となる橋上駅舎が完成し、解消されている。
◎小手指　撮影：山田虎雄

小手指車両基地の横を走る601系4両の準急池袋行。601系は1963年に製造された西武初の高性能車だが、クハ1601形の台車は旧形車の流用でファンの間では「西武はセーブ（SAVE＝節約）電車」と言われた。前面や側面は1961年登場の551系とほぼ同じである。中間電動車モハ601形は後に701系6両編成化の際に701系の中間車になった。
◎小手指車両基地
1967（昭和42）年12月10日
撮影：山田 亮

旧青梅鉄道の電気機関車E41形41号機。同形機は4両あった。1926年に英国E.E（英国電気）製造。青梅鉄道時代はデキ1形1号機。1944年に国有化されて国鉄（当時は運輸通信省）青梅線となり1011号となった。このE41は1950年に西武鉄道に払い下げられた。前面1枚窓が特徴で1976年に廃車。同形のE43が横瀬車両基地で保存されている。
◎小手指車両基地
1967（昭和42）年12月10日
撮影：山田 亮

小手指に待機する701系4両編成。701系は601系に引き続き1963年から製造された高性能車だが、クハ1701形の台車は旧形車の流用で金属製車体とくらべてアンバランスだった。
◎小手指車両基地
1967（昭和42）年12月10日
撮影：山田 亮

西武351系のクハ1411形1422。戦災国電の復旧および木造国電を鋼体化して登場した20m車で側面は国鉄クハ55形とよく似ている。17m車のクモハ351と連結して使用された。
◎小手指車両基地
1969（昭和44）年5月15日
撮影：荻原俊夫

551系の中間電動車モハ571形571。551系の2M4Tの6両編成は出力が不足気味で1968年にサハ1551形を電動車化した車両。車体は金属製軽量車体だが台車や機器は旧形車そのものである。
◎小手指車両基地
1969（昭和44）年5月15日
撮影：荻原俊夫

451系クモハ475形475。451系は1959年に登場した金属製軽量車体、西武所沢工場製造の「新車」だが、台車、機器は旧形車の流用でファンからは「セミ新車」「準新車」などと言われた。前面は国鉄101系の影響を受けた連続3枚窓。20m両開き3ドアでこのスタイルは101系まで受け継がれた。
◎小手指車両基地
1969（昭和44）年5月15日
撮影：荻原俊夫

クモハ551形先頭の551系6両編成。中間にサハ1551、1571形を4両組み込んだ2M4Tの6両編成である。551系は1961年に登場し、実質的に451系の増備車。501系の前面と451系の側面であるが、前面デザインは601系に続いている。台車、機器は在来車などからの流用で性能的にはつり掛式駆動の旧形車。
◎小手指車両基地
1969（昭和44）年5月15日
撮影：荻原俊夫

451系の中間車サハ1471形1475。台車などは旧形車そのものである。
◎小手指車両基地
1969（昭和44）年5月15日
撮影：荻原俊夫

クハ1311形1318。国鉄クハ65形（木造電車の鋼体化車）の戦災復旧車で2両目はクモハ311形である。このような編成は国鉄南武線、青梅・五日市線、鶴見線でも見られた。
◎小手指車両基地
1969（昭和44）年5月15日
撮影：荻原俊夫

551系クモハ551形557。
551系は1961年登場で451
系の増備車であるが、正面の
運転台窓が連続2枚窓にな
り、このスタイルは601系に
受け継がれた。外観は近代
的だが性能的には旧形車で
ある。西武では1962年まで
つり掛式駆動の旧形車を投
入した。東武鉄道でも一般
車は1961年まで7800系旧
性能車を投入したことと似
ている。
◎小手指車両基地
1969（昭和44）年10月11日
撮影：荻原俊夫

701系の先頭車クハ1701
形1771。701系は右側奥
に501系、551系が見える。
701系は601系に続いて
1963年に登場したカルダ
ン式駆動の高性能車だが在
来車と併結可能にするため
自動空気ブレーキだけであ
る。前面スタイルは多少変
わり運転台下に前照灯とス
テンレス補強板が取り付け
られ101系にも受け継がれ
た。側面は20m両開き3ド
アで西武の特徴だった。ク
ハの台車は旧形車の流用で
ある。
◎小手指車両基地
1969（昭和44）年5月15日
撮影：荻原俊夫

1969年10月14日の秩父線
開通を控え、小手指車両基地
で待機する5000系特急車。
「レッドアロー」の愛称があ
る。西武初の本格的特急車
で西武としては初めて他の
車両会社（日立製作所）で製
造した。台車、機器などは
101系と共通で併結も可能
だが営業運転では行われな
かった。登場時は4両固定
編成だったが1974年に6両
編成化された。
◎小手指車両基地
1969（昭和44）年10月11日
撮影：荻原俊夫

クハ1601形1614を先頭に
した601系4両編成。1963
年に登場した西武初の高性
能車で電動機出力は120kW
である。中間電動車モハ
701形の台車は国鉄101系
のDT21形とほぼ同じだが、
制御車クハ1601形の台車は
旧形車から流用のTR11で全
金属製車体と比べてアンバ
ランスである。東武鉄道で
も同じく1963年に一般車初
の高性能車8000系が登場し
ている。
◎小手指車両基地
1969(昭和44)年10月11日
撮影：荻原俊夫

小手指車両基地は1966年
5月に西所沢〜狭山ヶ丘間
に小手指検車区として開設。
本線から分岐する地点に小
手指ヶ原信号場が開設され、
1970年11月20日に小手指
駅となった。小手指車両基
地の横を走る701系4両編
成の準急西武秩父行。準急
は石神井公園から先は各停
で西武秩父まで110分を要
した。
◎小手指〜狭山ヶ丘
1972(昭和47)年11月18日
撮影：荻原俊夫

801系の先頭車クハ1801形
1802。801系は1967年に
登場し、実質的に701系の
増備車であるがクハ1801形
も台車が新製され「完全な
新車」となった。在来車と
の併結は可能。側面は20m
両開き3ドアで座席定員は
3ドアセミクロスシート車(国
鉄113系など)に匹敵する72
名(中間車)。4ドアの国鉄
101・103系、小田急2600
系などは54名で、西武は「座
れる」ことを重視していた
ことがわかる。
◎小手指車両基地
1969(昭和44)年5月15日
撮影：荻原俊夫

クハ1101形1113を先頭にした101系4両編成。101系は1969年に秩父線開通に備えて登場した高性能車。急勾配の山岳路線と通勤輸送の両方に対応しAS（Allround Service）カーと呼ばれる。中間車（モハ101形奇数車）の2台パンタグラフが特徴。車体や前面スタイルは701、801系と同じく両開き3ドア・ロングシートだが塗色は鮮やかな黄色とベージュで新系列車両であることをアピールした。◎小手指車両基地　1969（昭和44）年10月11日　撮影：荻原俊夫

在来車501系と並ぶ新系列車101系。101系は抑速ブレーキ、発電ブレーキを備えたHSCブレーキ、狭軌では最大級の電動機出力150kW、空気バネ台車など従来の西武の車両とは一線を画した車両で在来車との連結は考慮していない。
◎小手指車両基地　1969（昭和44）年10月11日　撮影：荻原俊夫

411系クモハ411形クモハ429とクハ1451形の2両編成。411系は1964年に旧形車の台車・機器を再利用して登場した支線用、増結用の車両。前面スタイルは451系、側面は701系と同じである。
◎小手指車両基地　1972（昭和47）年11月18日　撮影：荻原俊夫

小手指に待機する601系4両編成。601系は在来車と併結可能にするため発電ブレーキはなく自動空気ブレーキだけである。右側の建屋内に5000系レッドアローが見える。秩父線開業3日前の光景である。
◎小手指車両基地　1969（昭和44）年10月11日　撮影：荻原俊夫

荷物電車クモニ1形クモニ3（手前）とクモニ1（後方）の2両編成。クモニ3は元戦災国電モハ31（戦後はクモハ11形200番台）を復旧したクモハ311形331番台の外板を張り替えた車両で、1967年に荷電に改造された。同形車にクモニ1形クモニ4がある。◎小手指車両基地　1969（昭和44）年5月15日　撮影：荻原俊夫

荷物電車クモニ1形クモニ1。1963年にモハ151形モハ162を荷電化した車両。この車両は1940年に武蔵野鉄道クハ5855として登場。1957年に一畑電鉄（島根）へ譲渡され電動車化され同社デハ11となった。1961年に西武へ戻ってモハ151形モハ162となって西武園線で運行された。複雑な履歴の車両だが1976年に廃車。西武の荷電の塗装は暗い赤（ダークレッド）に白線である。◎小手指車両基地　1969（昭和44）年5月15日　撮影：荻原俊夫

荷物電車クモニ1形クモニ2。クモハ351形352を1965年に荷物電車に改造した。国鉄クモニ13形（戦後に木造車を鋼体化した20番台）と似ている。なお、クモハ352はもと国鉄クモハ14形100番台（身延線で運行）で、1960年に西武が譲り受けた後も2ドア・クロスシートのまま狭山湖線で使用された。1978年、荷物輸送の自動車輸送化に伴い廃車。
◎小手指車両基地
1969（昭和44）年5月15日
撮影：荻原俊夫

電気機関車E11形12号。武蔵野鉄道が1922年の池袋〜所沢間電化時に米国W.H（ウエスティングハウス）社から購入し、武蔵野鉄道時代はデキカ10形と称し、同形機は3両（11〜13）あった。凸形が特徴である。このE12は保谷の元車両管理所で保存。
◎小手指車両基地
1969（昭和44）年5月15日
撮影：荻原俊夫

電気機関車E21形21号。E21形は武蔵野鉄道デキカ20形で21、22の2両があった。1927年川崎造船所製造。E21は1973年に廃車解体。E22は1978年に廃車解体。
◎小手指車両基地
1969（昭和44）年5月15日
撮影：荻原俊夫

電気機関車Ｅ71。当時の鉄道省が東海道本線電化用として1922年、米国Ｗ.Ｈ（ウエスティングハウス）社から２両輸入。当初は1000形だったが後にED10形となった。うちED10 2が1962年に西武に払い下げられＥ71形Ｅ71となった。日本最古のELとして注目されたが1986年に廃車。現在は横瀬車両基地で保存。
◎小手指車両基地　1969（昭和44）年５月15日　撮影：荻原俊夫

電気機関車Ｅ51形Ｅ52。1924年に当時の鉄道省が東海道本線電化用としてスイスのブラウン・ボベリー社から2両輸入。当初は1020形で後にED12形となった。1950年に西武に払い下げられＥ51形（Ｅ51、Ｅ52）となった。Ｅ51は1976年廃車・解体。Ｅ52は1986年に廃車、現在は横瀬車両基地で保存される。
◎小手指車両基地　1969（昭和44）年５月15日　撮影：荻原俊夫

電気機関車E41形43号。E41形は旧青梅鉄道のデキ1形で同形機はデキ1〜4の4両あった。1930年に英国E.E（英国電気）製造。青梅鉄道は1944年に国有化されて国鉄（当時は運輸通信省）青梅線となり1010形1011〜1014となった。このE43は国鉄時代の1952年にED36形ED361となり、1960年に西武鉄道に払い下げられE41形43号となった。前面は1枚窓が特徴。1987年に廃車。このE43は横瀬車両基地で保存。
◎小手指車両基地　1969（昭和44）年5月15日　撮影：荻原俊夫

西武の貨車（緩急車）ワフ1形。大正時代に製造されたト31形を1967〜69年に緩急車（車掌室付き）に改造。西武線内だけで運用され、秩父線貨物列車にも連結された。
◎小手指車両基地　1969（昭和44）年5月15日　撮影：荻原俊夫

池袋線豊岡町は1967年4月1日に入間市と改称した。改称前の豊岡町に停車中の551系4両の準急飯能行。当時、入間市の前後は単線で武蔵藤沢〜入間市間の複線化は1968年11月、入間市〜仏子間の複線化は1975年3月。
◎豊岡町（現・入間市）
1966（昭和41）年12月18日
撮影：荻原二郎

1915年に武蔵野鉄道豊岡町駅として
開業した当駅はSカーブ上に設置され、
ホームは互い違いに配置された2面2線
で上りホームへは構内踏切で渡った。ま
た貨物側線や貨物ホームもあり、駅舎は
南側に設置されていた。1967年に入間
市駅へ改称され、1974年にはホームを
100m池袋方の直線上に移動している。
◎豊岡町（現・入間市）
1966（昭和41）年12月18日
撮影：荻原二郎

単線時代の旧入間川橋梁を渡る荷物電車モニ1形1。国鉄の木造荷電（旧モニ13形）を1959年に譲り受けた車両で2両あり、木造国電の形態をそのまま残していた。老朽化が激しく1963年に廃車。もう1両（モニ2）は使われず1962年に解体。この橋梁は1969年10月の仏子～笠縫信号場間複線化時に平行する新橋梁に切り替えられた。
◎仏子～元加治　1961（昭和36）年10月　撮影：園田正雄

元加治〜飯能間の八高線との交差付近を行く5000系特急「むさし」。池袋〜飯能間の特急「むさし」は1973年11月に登場し、帰宅用に夕方〜夜に運転されるいわば「ホームライナー飯能」だった。画面左側では東飯能への直通線の整地が始まっている。飯能でのスイッチバックをなくし、方向転換せずに秩父へ直通するためだったが、地元の反発もあって中止された。
◎元加治〜飯能　1981（昭和56）年5月　撮影：山田 亮

笠縫信号場（元加治〜飯能間）〜飯能間の単線区間を行く特急「むさし」。「むさし」は池袋〜飯能間で1976年3月改正時に増発され、池袋〜飯能間は「ちちぶ」とあわせて昼間時1時間間隔になった。この区間で八高線と交差するが、西武（建設時は武蔵野鉄道）が先に建設されたため、後発の八高線は築堤で越えた。2001年12月に飯能まで完全複線化され笠縫信号場は廃止された。◎元加治〜飯能　1981（昭和56）年5月　撮影：山田 亮

笠縫信号場（元加治〜飯能間）〜飯能間の単線区間を行く101系の急行飯能行。飯能で区間運転の西武秩父行に接続した。
◎元加治〜飯能　1981（昭和56）年５月　撮影：山田 亮

笠縫信号場（元加治〜飯能間）付近を行く新101系の急行池袋行。この信号場で単線から複線になる。画面後方に交差する八
高線の築堤が見える。新101系は101N系とも呼ばれ1979年に登場し、前面デザインが変更されイメージが一変した。
◎元加治〜飯能　1981（昭和56）年５月　撮影：山田 亮

1915年に武蔵野鉄道の駅として開業。駅舎は市街地側の北側に開設された。開業からしばらくは当駅が終始発駅で、吾野方面は鉄道敷設免許すらなかった。そのためか1929年に吾野まで開業した際は当駅でスイッチバックをすることとなった。この構造のため当駅を通る列車はすべて折り返す必要があり、貨物列車などは機回しなどをするため広い構内となっていた。またこのスイッチバックを避けるため短絡線も検討され用地確保までされたが、実現はしていない。
◎飯能　1965（昭和40）年4月4日　撮影：荻原二郎

飯能は1915年4月15日、武蔵野鉄道池袋－飯能間開通時に開設。当時は蒸気鉄道であったが1925年12月に電化。1929年9月10日に同駅から吾野まで延長されたが地形の関係でスイッチバックとなった。1989年に橋上駅化され、1992年10月に駅ビル「西武飯能ステーションビル」が開設。◎飯能　1981（昭和56）年5月　撮影：山田 亮

鉄道友の会の801系試乗会では801系臨時電車で池袋から吾野へ向かい、折り返し東吾野で小休止の後、小手指まで運転され小手指車両基地で撮影会が行われた。池袋行の行先表示のある501系クモハ501形。501系は1957年から製造された西武初の全金属製車体で湘南スタイルの20m3ドアであるが性能的にはつり掛式駆動の旧形車だった。画面左側にはカメラを持った学生服姿の高校生が見える。
◎小手指車両基地　1967（昭和42）年12月10日　撮影：山田 亮

クハ1705を最後部にした701系の準急池袋行。石神井公園まで各駅に停まる。構内は広く貨車とクハ1411が見える。◎飯能　1965（昭和40）年4月4日　撮影：荻原二郎

飯能での101系同士の接続風景。昼間時間帯は池袋〜飯能間急行は飯能で飯能〜西武秩父間の区間運転列車に接続した。
◎飯能　1981 (昭和56) 年5月　撮影：山田 亮

木造駅舎時代の国鉄東飯能駅。1931年12月10日、国鉄八高南線八王子〜東飯能間開通時に開設。同時に当時の武蔵野鉄道が接続地点に駅を設置した。西武と国鉄間に中間改札はなかったが1999年に橋上駅となった際に西武とJRの改札は分離された。◎東飯能　1981（昭和56）年5月　撮影：山田 亮

山里にある武蔵横手での交換風景。左は701系、右は101系。飯能〜吾野間はセメント輸送、ハイキング客輸送のため1929年9月10日に開業した。
◎武蔵横手
撮影：辻阪昭浩

国鉄との接続駅東飯能を発車する101系の西武秩父行。右側にはDD51 689（高崎第1機関区）牽引の八高線セメント輸送列車が停車している。西武はホーム1面1線だけの「棒線駅」で交換不能だが、国鉄はホーム1面2線で交換可能である。改札と国鉄ホーム間は地下道で連絡。西武・国鉄間に中間改札はなかった。DD51の後方に飯能市役所が見える。
◎東飯能　1981（昭和56）年5月　撮影：山田 亮

刈場坂峠に源流がある高麗川（荒川水系）にかかる鉄橋を渡る501系の飯能行。最後部は501系のクモハ520。501系は正面が湘南スタイルの４両編成で中間車は旧形国電サハ57形によく似ているサハ1511形。この付近は山里の雰囲気で今でもあまり変わっていない。
◎東吾野〜武蔵横手
1967（昭和42）年12月10日
撮影：山田 亮

東吾野駅構内のタブレット受け機。秩父線開通前は飯能〜吾野間がタブレット閉塞だったが、1969年10月の秩父線開通時に仏子〜西武秩父間がCTC化された。
◎東吾野　1967（昭和42）年12月10日
撮影：山田 亮

1967年に登場した801系。車体は701系と同様だがクハの台車も新製され「完全新車」となった。20m 3ドアは次の101系にも継承された。1967年12月10日に鉄道友の会東京支部主催の試乗会が行われ、池袋から吾野まで801系に乗車した後、折り返して東吾野まで運転され、ここで撮影会が開かれた。休日運転のハイキング急行「伊豆ヶ岳」のヘッドマークが取り付けられている。◎東吾野　1967（昭和42）年12月10日　撮影：山田 亮

山里にたたずむ東吾野駅。腕木式信号機が見える。秩父線開通以前は飯能〜吾野間はタブレット閉塞で腕木式信号機が使用された。1969年10月の秩父線開通時に飯能〜吾野間は吾野〜西武秩父間とともに単線自動信号化された。
◎東吾野　1967（昭和42）年12月10日　撮影：山田 亮

島式１面２線の東吾野駅ホームと側線に停車する試乗会の801系。ホームには時刻表が掲げられているが、朝夕は毎時２本（約30分間隔）、デイタイム毎時１～２本（約40分間隔）、20時以降は毎時１本でまさにローカル線のダイヤである。鉄道友の会会員が構内に止まる801系を撮影している。◎東吾野　1967（昭和42）年12月10日　撮影：山田 亮

西武秩父線

武蔵野鉄道が1929年に石灰石輸送のために飯能〜当駅間を延伸開業した際に開業した。現在では中間駅のように見えるが池袋線の終点で西武秩父線の起点駅となっており、西武秩父線開業前は当駅から秩父へ向けて連絡バスなどが運転されていた。構内外れにホッパー線があり、当駅発の石灰石貨物列車が設定されていたが、トラック輸送に切り替えられた。
◎吾野　撮影：山田虎雄

吾野駅構内の17m車351系クモハ351形356。351系は1954年から自社所沢工場で製造された西武としては戦後初の新車であるが、台車、機器は旧形車からの流用である。いわゆる湘南スタイルで17m車。
◎吾野
1967（昭和42）年12月10日
撮影：山田 亮

吾野で折り返す501系クモハ501形520と801系クハ1802の並び。鉄道友の会東京支部が主催した西武801系試乗会で吾野駅構内で撮影。801系は休日ハイキング急行のヘッドマークを付けている。
◎吾野
1967（昭和42）年12月10日
撮影：山田 亮

1969年の西武秩父線開業時に開業した正丸駅。当駅の西武秩父方には全長4811mの正丸トンネルがあり、このトンネル内には正丸トンネル信号場が設けられている。駅周辺にはハイキングコースも多く、山小屋風の駅舎がハイカーの気分を盛り立てる。
◎正丸
1969（昭和44）年10月
撮影：山田虎雄

秩父線開通と同時に開設された芦ヶ久保駅。交換可能駅で通過列車は直線側（ホームの反対側）をスピードを落とさず通過。待避列車はホーム手前側に停車。この付近は自然が多く残り芦ヶ久保果樹公園村があり、現在では駅前に道の駅果樹公園あしがくぼがある。秩父線開通時に芦ヶ久保スケートリンクが開設されたが1998年に閉鎖。
◎芦ヶ久保
1969（昭和44）年10月19日
撮影：山田 亮

芦ヶ久保を発車する休日ハイキング急行。701系4両の後部（池袋発車時は先頭）に連結されたクモハ311形（17m）とクハ1411形（20m）。601、701、801系は旧形車と併結可能だった。クモハ311形、クハ1411形は国鉄から戦災車両や木造車を譲り受け自社の所沢車両工場で復旧、改造した車両でクモハ311形は国鉄クモハ11形、クハ1411形は国鉄クハ55形に似ている。
◎芦ヶ久保
1969（昭和44）年10月19日
撮影：山田 亮

秩父線芦ヶ久保で5000系特急「ちちぶ」と交換のために停車中の701系の休日ハイキング急行。多くの乗客がホームに出て「一服」してタバコを吸っている。当時、成人男性の多くが喫煙していたが通勤電車はほとんどが禁煙だった。西武秩父線は1969（昭和44）年10月14日（火）に開業し、初の日曜である10月19日に撮影。
◎芦ヶ久保　1969（昭和44）年10月19日　撮影：山田 亮

芦ヶ久保に到着する101系の準急池袋行。開通後最初の日曜のためかなり混んでいる。駅前に奥武蔵高原ハイキングの案内図がある。準急は石神井公園まで各駅に止まるため実質的には長距離各停だった。現在では芦ヶ久保に一部の特急が臨時停車することがある。◎芦ヶ久保　1969（昭和44）年10月19日　撮影：山田 亮

451系2両と701系4両を併結した上り準急池袋行。1969年10月の秩父線開通時、デイタイムの池袋〜西武秩父間直通列車（平日）は「準急」で石神井公園以遠各停で110分を要し乗り通すには相当の忍耐力を必要とした。飯能〜西武秩父間は昼間時40分間隔、朝夕30分間隔だった。◎横瀬〜芦ヶ久保　1969（昭和44）年10月19日　撮影：山田 亮

横瀬に待機するＥ851形852号機。ホームには秩父線開通の飾り付けがある。画面右には留置線があり701系（クハ1776先頭の編成）が停車。セメント輸送の貨物扱いが行われたため構内が広いが、貨物列車の運転は1996年に終了した。現在では横瀬車両基地があり、5000系レッドアローの先頭車など保存車両が保管されている。
◎横瀬　1969（昭和44）年10月19日　撮影：山田 亮

開通したばかりの西武秩父線を行く451系と701系を併結した6両編成。
◎横瀬〜芦ヶ久保
1969（昭和44）年10月19日
撮影：山田 亮

1969年に西武秩父線の終始発駅として開業。当初は秩父鉄道との連絡駅を設ける予定だったが、秩父鉄道からの強い反対により断念し、町外れの県立秩父農工高校跡地に建設された。長らくは単純な終着駅であったが、1989年からは秩父鉄道秩父本線と直通運転を開始した。正丸駅と同じく山小屋風の駅舎となっている。
◎西武秩父　1969（昭和44）年10月19日　撮影：荻原二郎

開通当初の西武秩父駅。駅前は空き地が多く整備はこれからといったところ。ここは1965年まで埼玉県立秩父農工高校（現、秩父農工科学高校）があった場所で、秩父鉄道の線路と隣接している。御花畑駅まで徒歩5分ほどだが、開通当初は乗り換え案内の掲示などはなかった。
◎西武秩父　1969（昭和44）年10月19日　撮影：山田 亮

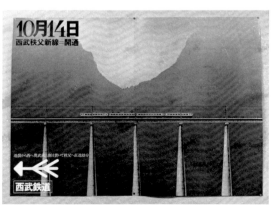

西武秩父線10月14日開通をPRする特大ポスター。大自然をバックに秩父線の橋梁を一直線に進む特急レッドアローが描かれ、ポスターのデザインとしても秀逸である。
◎池袋　1969（昭和44）年10月　撮影：山田 亮

1979年の西武秩父駅発車時刻表。当時は池袋行特急「ちちぶ」は平日8本、休日9本で西武新宿行特急「おくちちぶ」も休日に1本運転されている。当時の土曜は平日の扱いだった。平日の昼間時間帯は飯能〜西武秩父間折返し運転になっている。
◎西武秩父　1979（昭和54）年8月　撮影：山田 亮

西武秩父駅の改札口。時刻は16時30分を指している。発車時刻表が見えるが、平日は朝30分間隔、昼間40分間隔で休日は急行が運転されることが読み取れる。特急レッドアローの時刻は別に掲示されているが、特急停車駅は平日は所沢と飯能、休日は飯能だけである。◎西武秩父　1969（昭和44）年10月19日　撮影：山田 亮

秩父鉄道も西武に対抗して「急行秩父路号」のPR看板を立てた。「座席指定の快速電車」「秩父−東京98分」とあるが、急行は2往復で指定席料金、熊谷〜上野間は国鉄急行に接続のため国鉄急行料金が必要で割高だった。「98分」は上野までの所要時間で、東京駅が目的地なら西武特急から地下鉄丸ノ内線乗り換えとほぼ同じだった。
◎1969（昭和44）年10月19日
撮影：山田 亮

開通後最初の日曜日、秩父線を行く101系モハ114の車内。試乗する乗客が多く窓外を眺めている。秩父線開通を伝える「西武で秩父へ特急83分」の車内吊りポスターがある。101系にはトンネル通過時などの寒風吹き抜けを防ぐため中間車の連結面に両開き貫通ドアがある。（後に701系などにも設置）
◎1969（昭和44）年10月19日
撮影：山田 亮

秩父市内各所に建てられた西武秩父線10月14日開通の立て看板。「秩父と都心を結ぶ新幹線」「レッドアロー号で83分」と
あるが、特急は平日2本、休前日3本、休日4本で極めて少ない。最小限の本数でスタートしたことになるが、これは「どれ
だけ利用があるか」需要予測に不安があったことを示している。平日昼間の準急は石神井公園まで各駅に停まり110分を要
していた。◎1969（昭和44）年10月19日　撮影：山田 亮

開通記念の花輪が並ぶ西武秩父駅で待機
する5000系特急レッドアロー「ちちぶ
号」、休日は4往復でこの列車は西武秩父
発17時18分である。西武秩父には特急
専用ホームがある（現在も同じ）。画面左
には701系が見える。
◎西武秩父
1969（昭和44）年10月19日
撮影：山田 亮

西武秩父特急ホームに停車中の5000系
特急「ちちぶ」。右側には101系4両の飯
能行が停車し、飯能で急行池袋行に接続
した。バックに武甲山がそびえている。
◎西武秩父
1979（昭和54）年8月
撮影：山田 亮

新宿線、国分寺線、西武園線

1952年3月25日、新宿線高田馬場～西武新宿間延長時に開設。それから20年以上にわたって簡素な木造建築だった。1964年開業の国鉄新宿ステーションビル（現・ルミネエスト）2階に乗入れる計画もあったが6両編成が限度で将来の編成増大に対応できないとの理由で実現しなかった。1977年3月に新宿プリンスホテル、ショッピングセンター「PePe」の入る地上25階、地下4階の駅ビルに建て替えられた。◎西武新宿　1970（昭和45）年12月　撮影：山田 亮

山手線と平行する高田馬場～西武新宿間を走るモハ351とサハ1411形の4両編成。この区間は1952年3月25日に開通。これは戦後、千葉県内の旧陸軍鉄道連隊演習線を西武が払い下げを受けようとしたが、営業エリアが侵害されるとして京成が反発し、路線を京成に譲る（新京成電鉄となる）交換条件に路線免許が下りた。新宿延長と同時に武蔵野線、村山線、川越線が池袋線、新宿線と改称。
◎高田馬場～西武新宿
1963（昭和38）年2月27日
撮影：辻阪昭浩

旧西武鉄道のターミナル駅だったが、戦後の1949年まで都電も乗り入れてなく、山手線と接続するのみであったため、開業間もない頃から早稲田まで延伸し、都電と接続する計画などもあった。また当駅の北側で山手線と立体交差しており、1927年に立体交差手前で仮駅として開業し、1928年に現在の位置へ延伸開業している。◎高田馬場　撮影：山田虎雄

1927年に(旧)西武鉄道村山線の駅として開業。島式1面2線で駅舎とホームは構内踏切で連絡されていた。この写真の翌年には相対式ホーム2面2線へと改築され、上下線の間に中線のような形で通過線が設けられた。この通過線は朝ラッシュ時は上り通過線、夕方ラッシュ時は下り通過線と時間帯により使い分けられていた。写真で駅の上の跨ぐ橋は山手通りの陸橋。◎中井　1962(昭和37)年2月25日　撮影：荻原二郎

クモハ351形（17ｍ）の間にサハ1411形（20ｍ）を2両挟んだ4両編成。新宿線上り西武新宿行で最後部はクモハ358。クモハ351は1954年に登場した西武初の新車で17ｍ車だが台車、機器などは旧形車からの流用である。中間のサハ1411形は20ｍ車で国電サハ57形に似ている。中井は相対式ホームだが、上下線の間に通過線が1本だけあり上下線で共用している。通過列車も進入時にポイントがあり減速して通過。
◎中井
1969（昭和44）年4月26日
撮影：荻原俊夫

1927年に開業した駅で、1955年に西武鉄道初の急行通過線が設置された。写真に右側に写る線路の上にあった東京電力の高圧線鉄塔の関係もあり、それまでの島式1面2線ホームの両側に通過線を設置した。駅舎は駅北側の本川越方にあり、ホームへは跨線橋で連絡していた。1983年に改良工事が行われ相対式2面4線のいわゆる新幹線型配線に変更されている。
◎沼袋　1967（昭和42）年2月27日　撮影：荻原二郎

国鉄クハ1311形は国鉄クハ65形（木造電車の鋼体化車）の戦災復旧車。木造車を鋼体化した車両もある。17ｍ国電と同じスタイルだが、塗色は黄色（イエロー）と茶色（マルーン）の旧西武色である。西武新宿―沼袋の行先表示がある。
◎沼袋
1956（昭和31）年10月
撮影：園田正雄

モハ401形402（後のクモハ401形）とクハ1401形の2両で西武の63形と呼ばれる。西武では1953〜54年に事故車のモハ63形1両、クハ79形2両を譲り受け、不足のモハ1両（モハ401）を1956年に所沢車両工場で新製した。このモハ402は国鉄からの譲り受け車。2000系登場までは西武唯一の20m4ドア車だった。西武新宿—田無の行先表示がある。
◎沼袋　1956（昭和31）年10月　撮影：園田正雄

クハ1411形1454。このクハ1454は途中で車番が変わり、最初はクハ1401形1406。後にクハ1411形となる。1950〜54年に国鉄から戦災車両や木造車を購入し自社の所沢車両工場で復旧、改造した車両。20m3ドア車で国鉄クハ55形に似ている。◎沼袋　1956（昭和31）年10月　撮影：園田正雄

1927年に（旧）西武鉄道村山線の駅として開業。1面2線の島式ホームで駅舎とホームは構内踏切で結ばれている。駅舎は南側の今の南口側にあった。当駅のホーム西武新宿方には環状7号線との立体があり、下を道路が通っている。構内踏切は1983年の橋上化で廃止されている。◎野方　1967（昭和42）年2月27日　撮影：荻原二郎

1927年に（旧)西武鉄道村山線の駅として開業。戦中には駅の北側にし尿積み込み用の側線が設けられていた。1963年にホームが写真のような島式1面2線から2面3線に変更された。ホーム間は構内踏切で連絡していた。この際には上り本線の北側に副本線が設けられたが、下り列車の待避でも使われることがあったようだ。
◎井荻
1971（昭和46）年1月28日
撮影：荻原二郎

新宿線を行くモハ151形（旧西武モハ550形）の荷物電車。◎下井草〜鷺ノ宮　1965（昭和40）年7月　撮影：園田正雄

1927年に（旧）西武鉄道村山線の駅として開業。相対式2面2線で現在は当時のホームを両側に延伸する形で使用しており、写真右端に写るホーム上屋や柱などは今もホーム真ん中付近で現役で使われている。現在は撤去され上下ホーム間を行き来できないが、当時は構内踏切があった。
◎上井草
1966（昭和41）年2月11日
撮影：荻原二郎

1927年に（旧）西武鉄道村山線の駅として開業。翌年には上石神井車庫が開設された。長らく旅客ホームは島式1面2線であったが、1960年代に両側にホームのある中線を持つ2面3線化された。直後の1965年には構内踏切を廃止して駅舎を橋上化し、写真の駅舎が完成している。◎上石神井　1968（昭和43）年2月21日　撮影：荻原二郎

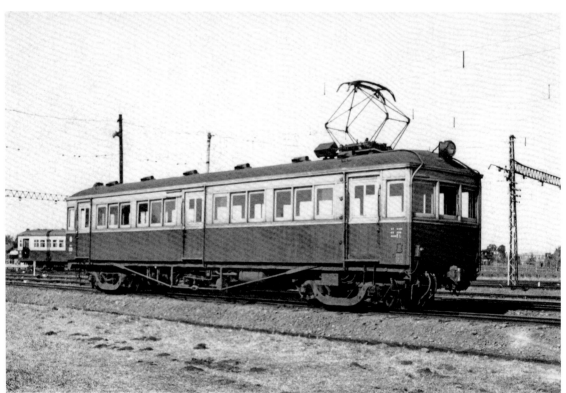

旧西武鉄道高田馬場〜東村山間開業時に登場した木造電車モハ500形509。電動車の記号は武蔵野鉄道のデハに対し旧西武鉄道はモハだった。◎上石神井　1941（昭和16）年2月　撮影：園田正雄

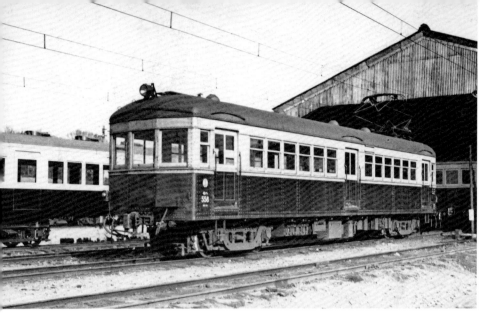

旧西武鉄道が1927～28年に投入したモハ550形。川崎造船所製造の全鋼製両運転台車で12両が製造。同形車は阪急にもあった。同系列にクハ600形（8両）があり、1948年にモハ151形、クハ1151形となった。頑丈な造りで1960年代前半まで西武で運行され、1964～66年に伊予鉄道など地方私鉄に譲渡。
◎上石神井
1941（昭和16）年2月
撮影：園田正雄

西武モハ221形230。1941年に旧西武鉄道モハ200形210として登場。モハ200形は10両あり、登場時に木造モハ500形（10両）から電動機、電気部品を転用した。1954年にモハ221形230に改番。この車両は1958年にクハ化されクハ1221形1230となる。
◎上石神井
1955（昭和30）年12月
撮影：園田正雄

高田馬場～東村山間開業時の木造モハ500形（10両）は1940年にモハ200形に電動機、電気部品を譲り制御車となり、戦後の1948年にクハ1251形となった。うち8両が1955～56年に近江鉄道に譲渡。
◎上石神井
1955（昭和30）年12月

371系モハ371形371。371系は1959年から1965年までに国鉄クモハ11形400番台（木造車を鋼体化した元モハ50形）を購入した車両で、国鉄時代に更新修繕が行われているため、戦災復旧車と異なり外板はきれいである。
◎上石神井
1960（昭和35）年8月
撮影：園田正雄

1959年に登場したモハ451形451。塗色は旧西武色で黄色（イエロー）と茶色（マルーン）。この塗装は戦前1940（昭和15）年に予定された東京オリンピックに備え、1938年から東京の省線電車の一部で実施されたオリンピック塗装に似ているといわれた。
◎上石神井
1959（昭和34）年9月
撮影：園田正雄

西武551系モハ552を先頭にした4両編成。中間車はサハ1551形。551系は1961年に登場。
◎上石神井
1961（昭和36）年9月
撮影：園田正雄

クモハ451系452を先頭にした4両編成
の上り西武新宿行。中間車はサハ1471
形。手前の川は石神井川で春は桜の名所。
◎東伏見〜武蔵関
1970（昭和45）年1月
撮影：園田正雄

1927年に（旧）西武鉄道村山線の上保谷
駅として開業し、1929年には京都の伏見
稲荷大社の東京分社として東伏見稲荷神
社を西武鉄道の社有地に誘致し、駅名を
現在の東伏見駅へ改称した。この神社へ
の参拝客の便をはかるため中線は両側に
ホームのある２面３線となっていたが、
後に優等退避にも使われるようになっ
た。1983年にはホームが２面４線とな
り橋上駅舎となった。
◎東伏見
1968（昭和43）年２月21日
撮影：荻原二郎

戦後の西武は戦災国電を大量に購入し、復旧して使用した。写真のクハ1311形は国鉄クハ65形（木造電車の鋼体化車）の戦災復旧車。木造車を鋼体化した車両もある。側面にSEIBU LINEと書かれ占領下日本を象徴している。
◎西武柳沢
1947（昭和22）年
撮影：高松吉太郎
所蔵：園田正雄

新宿線を行く準急本川越行の601系４両編成。◎田無　1965（昭和40）年６月19日　撮影：辻阪昭浩

1964年に登場した増結用411系の西武新宿行。クモハ411とクハ1451の2両編成で最後部はクハ1451形。
◎田無
1965（昭和40）年6月19日
撮影：辻阪昭浩

国鉄から購入したモハ63（事故車）をクハ化したクハ1421形。2両目はクモハ401形。2000系登場までは西武唯一の20m4ドア車だった。
◎田無
1965（昭和40）年6月19日
撮影：辻阪昭浩

新宿線を行く701系4両編成。通勤車に冷房など夢のまた夢の時代で窓が全開になっている。
◎田無
1965（昭和40）年6月19日
撮影：辻阪昭浩

1927年に（旧）西武鉄道の駅として開業。玉川上水の土手に植えられた小金井桜の最寄駅であることをアピールするために名付けられた。花見客のアクセスのためホームは中線が行き止まり式の2面3線で後に中線が埋められて島式1面2線となった。また小金井桜を意識しているにも関わらず、長年駅舎は桜並木と反対側の北側にしかなかった。
◎花小金井　1966（昭和41）年12月30日　撮影：荻原二郎

1927年に（旧）西武鉄道村山線の駅として開業した当駅は翌年、駅すぐ近くに多摩湖鉄道の支線の小平駅（直後に本小平）が開業した。これは当初は小平駅に乗り入れる予定だったが、まとまらず徒歩連絡となったためで1949年に駅を統合し、ホームは1958年に新宿線と並ぶ位置へ移設された。この小平〜萩山の路線は小平線と呼ばれていたが、1962年に上水線となり、1968年から拝島線となった。◎小平　1967（昭和42）年2月27日　撮影：荻原二郎

増結用に製造された411系の新宿線電車。◎小平　撮影：辻阪昭浩

クハ1110形1112。雑型木造客車を1941年に鉄道省から購入した車両で客車代用として使用。1948年にクハ1151形となる。1950年からクハとして多摩川線で運行。1951年に弘南鉄道（青森）に譲渡。
◎所蔵：園田正雄

静岡電気鉄道（現・静岡鉄道）の車両を戦時中の1943年に旧西武鉄道が購入したモハ120形121。西武が購入後にクハ化。1956年に電動車になりモハ151形161（2代目）となり小平〜萩山間の小運転に使用され、1959年に豊橋鉄道に譲渡。写真は西武が購入した当時。
◎東村山
撮影：園田正雄

旧モハ550系は戦後はモハ151形、クハ1151形として新宿線系統で運行された。クハ1151先頭の旧モハ550系の見事な4両編成。
◎久米川〜小平
1963（昭和38）年6月
撮影：園田正雄

クハ5855形5855が1957年に所沢工場で電動車化されて一畑電鉄（島根）へ譲渡されデハ11となった。1961年に西武に戻りモハ151形162（2代目）となり西武園線で使用。写真はその時のもの。1963年に荷電に改造されクモニ1形1になった。
◎撮影：園田正雄

新宿線・国分寺線・西武園線の接続駅である当駅は3路線が乗り入れていながら長年ホームは2面4線であった。片方のホームを国分寺線が、もう一方のホームを新宿線と西武園線が使う形だったため運行が錯綜した。また駅舎は西口側しかなく、ホームは構内踏切で連絡する形であったため1971年に橋上駅舎化された際にホームが3面6線に増設され、東口も開設された。◎東村山　1964（昭和39）年1月5日　撮影：荻原二郎

1895年に川越鉄道入間川駅として開業した当駅は新宿線が北北西から北東方向に線路の向きを変えるカーブ上にあり、貨物側線を有していた。1979年に駅名が現在の狭山市駅へ変更されているが駅開業時は入間川町に属していた。近くには航空自衛隊入間基地があるが最寄りは同じ狭山市内にある稲荷山公園駅だ。
◎入間川（現・狭山市）　1966（昭和41）年12月30日　撮影：荻原二郎

本川越到着の101系新宿線急行。左側に旧貨物ホームが残っている。本川越は蒸気鉄道として開通し、貨物輸送も行われていたため構内が広かったが駅ビル建設に伴い縮小された。写真後方で東武東上線、国鉄（JR）川越線と交差。南大塚〜本川越間の脇田信号場〜本川越間900mは現在でも単線区間である。
◎本川越　1979（昭和54）年8月　撮影：山田 亮

本川越駅のホーム。蒸気鉄道として開通したため構内が広く、機回し線もあった。1991年9月には駅ビル「西武本川越ステーションビル」がオープンしプリンスホテル、ショッピングセンター「PePe」および駅施設が入った。それに伴い構内が縮小され、起点も300m後退した。
◎本川越
1979（昭和54）年8月
撮影：山田 亮

新宿線の終点本川越駅。1895（明治28）年3月21日に川越鉄道によって開設された川越市内最古の駅で、開通時は川越と称した。1940（昭和15）年7月22日、国鉄（JR）川越線開通に伴い本川越と改称。東武東上線川越市は東上鉄道開通時の1914年5月1日に川越町として開設され1922年12月1日に市制施行に伴い川越市と改称。東武東上線川越は1915年4月1日に川越西町として開設。国鉄（JR）川越は川越線開通時に開設され東上線川越西町も同時に川越と改称。
◎本川越　1979（昭和54）年8月　撮影：山田 亮

拝島線

1950年5月、上水線（小川～玉川上水間、現在は拝島線の一部）が戦時中に建設された日立航空機立川工場への専用線を利用して開業し、非電化だったため気動車で運転された。写真はキハ111で小川～玉川上水の行先表示がある。キハ111は旧佐久鉄道（現・JR小海線）の買収気動車を国鉄から購入した車両で同形のキハ112があった。1954年10月に電化されたがその後も一部列車が気動車で運転された。
◎小川
撮影：鈴木靖人
所蔵：園田正雄

1926年製造の武蔵野鉄道の木造車デハ310形311。1948年にモハ203と改番。1956年に上毛電気鉄道に譲渡。
◎小平　1956（昭和31）年3月　撮影：園田正雄

日立航空機立川工場の専用線として作られた路線を西武鉄道が譲り受けて開業した上水線。拝島線へ改称されるまで当駅が終点だった。また拝島方には西武建設の資材置場があり、元鉄道連隊の蒸気機関車などが保管されていたようだ。当駅に車両基地ができるのは平成の世になってからだ。写真は上水線から拝島線へ改称された日のもので、この日から走り始めた拝島行きがそれまで終点だった当駅を発車する。
◎玉川上水
1968（昭和43）年5月15日
撮影：荻原二郎

拝島線全線開業時に開設された当駅は立川と名乗っているが、1963年に立川市へ吸収合併されるまで当地は北多摩郡砂川町で、さらに駅前の半分は昭島市にかかっている。また開業当時、拝島線は単線路線で当駅は1面2線の交換駅だったが、1983年12月に武蔵砂川〜当駅間が複線化され、複線と単線の境界駅となっている。写真は駅開業日のもの。
◎西武立川
1968（昭和43）年5月15日
撮影：荻原二郎

1968年に玉川上水から上水線を延伸する形で開業した拝島駅。この開業で上水線は拝島線へと改称された。国鉄拝島駅と共同使用駅で、国鉄拝島駅は1894年に青梅鉄道として開業している。写真の南口は開業時から開設されており、これは3代目の駅舎で国鉄管理であった。また当駅の小平方では国鉄から伸びる横田基地への専用線との平面交差がある。
◎拝島　撮影：山田虎雄

拝島線は国鉄拝島駅の北東側に沿うように駅が設けられた。そのため開業時には、国鉄構内の跨線橋が西武側へ延長され、駅舎も設けられて北口が開設された。しかし、集落などがある南口とは対照的に駅裏となる北口一帯は玉川上水や横田基地があるだけで閑散としていた。◎拝島　1968（昭和43）年5月15日　撮影：荻原二郎

多摩湖線

多摩湖鉄道モハ20形22。京王電気軌道（現・京王電鉄京王線）から譲り受け。戦後に鋼体化されモハ101形（当時）となる。
◎国分寺　1937（昭和12）年　撮影：高松吉太郎　所蔵：園田正雄

多摩湖鉄道モハ10形。多摩湖鉄道は箱根土地により1928年4月に国分寺～萩山間が開業。1930年1月に村山貯水池まで延長。同年5月に電化されポール集電だった。1940年に武蔵野鉄道に合併され多摩湖線になる。このモハ10形は戦後はモハ20形に改番。多摩湖線がパンタグラフ集電になったのは1954年から。
◎多摩湖　1937（昭和12）年　撮影：高松吉太郎　所蔵：園田正雄

旧西武鉄道新宿軌道線から転入したモハ51。1952年に鋼体化されてモハ101（当時）になった。当時の多摩湖線は種々雑多な車両でゲテモノ揃いといわれた。◎萩山　1951（昭和26）年　撮影：園田正雄

元江ノ島電気鉄道の納涼電車。1941年に車体を新造したうえで武蔵野鉄道が譲り受けて多摩湖線に投入。戦後1948年にモハ11形となる。この車両はモハ11形12。全部で3両あり、小形のため3両とも早期に廃車された。
◎萩山　1955（昭和30）年　撮影：園田正雄

クハ1111形1112を先頭にした多摩湖線電車。2両目はモハ101形（当時）。1960年頃の多摩湖線の代表的な編成。このクハ1111は1964年に山形交通に譲渡。◎青梅街道～萩山　1961（昭和36）年8月　撮影：園田正雄

1928年に多摩湖鉄道の駅として開業した当駅は単線の1面1線。写真手前側になる駅の国分寺方では青梅街道と踏切で交差しており、駅名の由来にもなっている。踏切は現在もあり、この付近の青梅街道と交差する新宿線、多摩湖線、国分寺線はいずれも立体化がなされていない。◎青梅街道　1967（昭和42）年2月27日　撮影：荻原二郎

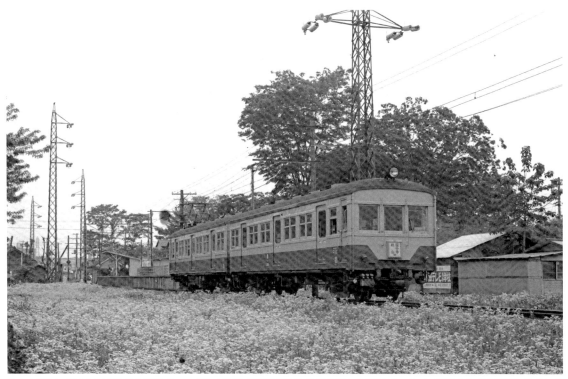

クハ1304とクモハ311形の２両編成。いずれも国鉄の戦災車両などを復旧した車両で、ファンの間では「焼電更生電車」などと言われた。国電クモハ11とクハ16を西武色にしたとも言える。多摩湖線は現在でも全線単線、青梅街道駅は現在でもホーム１面１線で交換不能、JR武蔵野線新小平へは徒歩10分程度である。
◎青梅街道　1969（昭和44）年５月15日　撮影：荻原俊夫

クモハ401形401を先頭にした多摩湖線各停。２両目はクハ1401形で西武の63形と呼ばれる。西武では1953〜54年に事故車のモハ63形１両、クハ79形２両を譲り受けた、不足するモハ63（→国鉄クモハ73）と同型の電動車１両（クモハ401、当初はモハ401）を西武所沢車両工場で新製した。旧形車唯一の４ドア20m車である。
◎青梅街道　1969（昭和44）年５月15日　撮影：荻原俊夫

旧西武の木造車クハ1201。モハ500形として登場し後にクハ1201形を経て1948年からクハ1251形になった。このクハ1201は最初はモハ500形500で、1948年にクハ1251となり、1957年に再びクハ1201となり1959年から多摩湖線に投入され、小形車モハ101形（後年の101系とはまったく別物）と連結され1961年まで使用された。
◎萩山
撮影：園田正雄

多摩湖に停車中の411系西武新宿行。多摩湖線多摩湖は多摩湖鉄道により1936年12月30日に村山貯水池として開設。1951年9月1日に多摩湖、1979年3月25日に西武遊園地と改称されるが、2021年3月13日に再び多摩湖となった。
◎多摩湖　撮影：山田虎雄

萩山に停車中の311系2両編成。1960年代から70年代前半の多摩湖線、国分寺線は17m車が中心だった。萩山は1958年9月、新宿線から多摩湖線へ直通するため線路配置が変更され駅が移設された。◎萩山　撮影：山田虎雄

多摩川線

多摩川線を行く旧武蔵野のモハ241形とクハ
1241形の2両。優美な姿を残している。最後
は多摩川線で運転された。
◎新小金井～多磨墓地前（現・多磨）
1956（昭和31）年1月
撮影：園田正雄

武蔵野鉄道の名車モハ5560－サハ5660（運転室
付き）は戦後はモハ241形、クハ1241形になった。
1928年に川崎造船所（現・川崎重工）で製造され
た名車。登場時はセミクロスシート、戦時中にロ
ングシート化。1956年に3ドア化、1958年に車
体のみ近江鉄道へ譲渡。
◎是政　1956（昭和31）年1月　撮影：園田正雄

クハ1151形を先頭にした多摩川線電車。旧西武のクハ600形である。
◎武蔵境　撮影：辻阪昭浩

旧西武の名車モハ550形、クハ600
形は戦後にモハ151形、クハ1151
形となって最後は多摩川線で運行
された。
◎撮影：辻阪昭浩

中央線のホームの反対側に停まる多摩川線電車、旧西武の川崎造船所（現・川崎重工）製造の全鋼製車モハ550形、クハ600
形で旧西武の「名車」といえる。1948年にモハ151形、クハ1151形となった。◎武蔵境　撮影：辻阪昭浩

西武１形２号機。元伊那電気鉄道（現・JR飯田線）デキ１形で２両あった。1955年に西武が購入し、多摩川線で使用。1960年に近江鉄道に譲渡された。◎武蔵境　1960（昭和35）年５月１日　撮影：辻阪昭浩

西武の緩急車ワフ11形16。車端部にブレーキハンドルが突き出していた。撮影地は国鉄接続の武蔵境と思われる。武蔵野線との表示は謎。◎武蔵境　1953（昭和28）年4月　撮影：園田正雄

多摩川線武蔵境を発車する371系クモハ371形379とクハ1311形の2両編成。クモハ371形は戦災国電などの復旧車ではなく1959年から1965年までに国鉄クモハ11形400番台（木造車を鋼体化した元モハ50形）を譲り受けた車両で、国鉄時代に更新修繕が行われている。多摩川線は武蔵境で国鉄中央線下りホームの反対側から発車し、国鉄・西武間に中間改札がなかった。2004年11月に高架化工事に伴い両社の改札を分離。2006年12月に多摩川線ホームが高架化。
◎武蔵境
1973（昭和48）年1月1日
撮影：荻原俊夫

非電化の多摩川線に旧西武鉄道が投入したガソリンカーキハ10形11。木造の2軸車である。
◎多磨墓地前（現・多磨）
1940（昭和15）年頃
撮影：高松吉太郎
所蔵：園田正雄

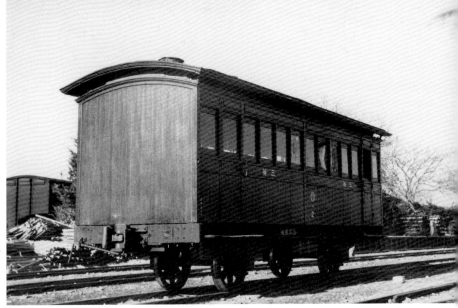

1895年川越鉄道開業時の客車ハ2。
◎北多磨（現・白糸台）
1942（昭和17）年
撮影：園田正雄

川越鉄道の客車ハフ2。
◎北多磨（現・白糸台）
1942（昭和17）年
撮影：鈴木靖人
所蔵：園田正雄

多摩川線北多磨駅の多摩川線の車両基地。クモハ311形と工事用貨車が停まっている。現在は白糸台車両基地になっている。
◎北多磨（現・白糸台）　1969（昭和44）年1月1日　撮影：荻原俊夫

西武の孤島的存在の多摩川線北多磨を発車する311系クモハ311形322先頭の17m車2両編成。クモハ311形は国鉄から戦災車両や木造車を譲り受け西武所沢車両工場などで復旧、改造した車両。2両目はクハ1311形。北多磨は1917年10月22日、多摩鉄道によって開設。2001年3月28日、多磨墓地前から多磨に改称と同時に北多磨は白糸台と改称された。ホームは1977年に写真後方（武蔵境方）に移設。「死ぬ！踏切だ」の表示のある踏切は京王線武蔵野台駅への近道。
◎北多磨（現・白糸台）　1969（昭和44）年1月1日　撮影：荻原俊夫

1919年に多摩鉄道の常久駅として開業。多摩川からの砂利採取のための専用線が当駅から東側に延びていたが採掘禁止となり1965年ごろに廃止された。1954年には砂利採掘場跡地に西武系企業が建設した府中競艇場（翌年からは多摩川競艇場）が開場。駅名も合わせて競艇場前駅に変更された。余談だが、この競艇場の競艇施工者には府中市は参加していない。
◎競艇場前　1964（昭和39）年5月17日　撮影：荻原二郎

多摩川線終点の是政で折り返す311系クモハ340形340とクハ1311形の2両編成。是政は1922年6月20日に多摩鉄道により開設。1927年8月31日、旧西武鉄道に合併。1950年11月1日に電化。是政はこの地を開墾した井田摂津守是政にちなむ。多摩川を挟んだ対岸に南武線南多摩駅があり、徒歩15〜20分ほど。◎是政　1969（昭和44）年1月1日　撮影：荻原俊夫

1922年に多摩鉄道の駅として開業。1952年には当駅から延びていた砂利採掘の専用線が廃止となった。この砂利採掘場跡地は多摩川競艇場になっている。ホームは駅舎と直結した1面1線で数本の側線がある。また当駅からの路線延伸計画が過去にあったが、いずれも実現されていない。
◎是政
1964（昭和39）年5月17日
撮影：荻原二郎

旧山口線

軌間762mmの西武山口線遊園地前を発車する軽便蒸気機関車532号。1928年にドイツ・コッペル社製で台湾の製糖工場で使われていた。同形の527号機とともに1974年に台湾から購入され西武所沢工場で整備し1977年に山口線に登場した。客車は岡山の井笠鉄道から購入。1984年5月まで運行されたが、山口線は新交通システム「レオライナー」となって1985年4月25日に開業。532号は北海道丸瀬布（遠軽町）で保存。◎遊園地前　1980（昭和55）年11月1日　撮影：荻原俊夫

1972年6月から西武山口線（軌間762mm）で軽便蒸気機関車が運行された。写真の2号機はドイツ・コッペル社製で、1973年9月から井笠鉄道（岡山県）から借り入れ信玄号と命名された。1977年には井笠鉄道に返還され、台湾から購入の蒸気機関車に交代した。◎1972（昭和47）年11月18日　撮影：荻原俊夫

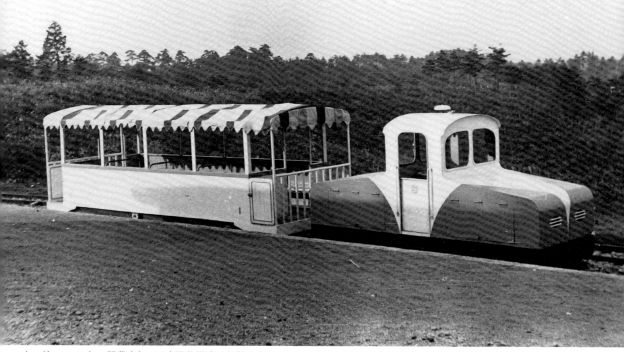

山口線は1950年の開業当初、西武園遊園地の遊戯施設として設置された。その際に導入されたのがＢ１形蓄電池機関車で、1951年にＢ11形が登場するまではこの機関車１両だけが使用されていた。客車は１形で、こちらも山口線向けに製造された車両。オープン客車といかにも遊園地の遊具施設といった装いだ。
◎上堰堤　1951（昭和26）年　撮影：園田正雄

1951年から1960年にかけて５両製造されたＢ11形蓄電池機関車。11号機が中島電気自動車製で、それ以外は西武所沢車輌工場製。Ｂ１形の増備車として製造され、自重は10tとやや重くなった他、外観は丸み帯びた形へと変わった。冬季はオープン客車ではなくガラス窓付きの21形客車が多く使われていた。
◎多摩湖ホテル前　1954（昭和29）年12月　撮影：園田正雄

軌道線

西武軌道として1921年8月、淀橋（新宿付近）〜荻窪間に青梅街道上に開通した旧西武鉄道新宿軌道線の24号。戦後に都電杉並線となり1963年12月廃止。◎杉並車庫　1940（昭和15）年　撮影：高松吉太郎　所蔵：園田正雄

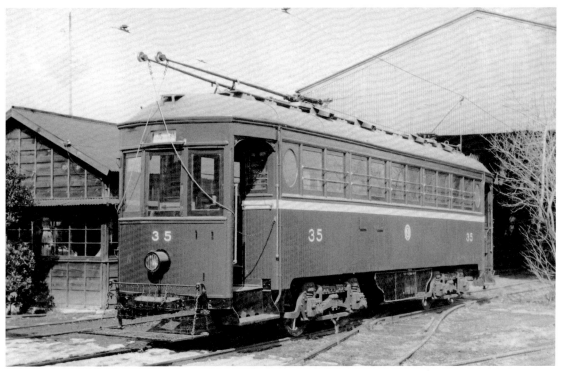

旧西武鉄道新宿軌道線の35号。この35号は都営化後に253号になり車体が更新されて都電2000形になった。◎杉並車庫　1940（昭和15）年　撮影：高松吉太郎　所蔵：園田正雄

川越久保町～大宮間12.8kmを結んでいた川越電気鉄道。1906年4月開業で路面電車タイプの車両だった。1922年に旧西武鉄道に譲渡。1940年7月の国鉄川越線開通に伴い1941年2月に廃止。◎撮影：鈴木靖人　所蔵：園田正雄

旧西武鉄道大宮線の4号車。1927年8月の川越久保町車庫の火災で電動車がすべて焼失したことに伴う旧西武鉄道新宿軌道線（後の都電杉並線）からの転属車。◎撮影：市川義郎　所蔵：園田正雄

西武鉄道の機関車

同型機は川越鉄道と関係が深かった甲武鉄道や20両も輸入した九州鉄道、そして両毛鉄道でも導入された。川越鉄道の輸入車以外はいずれも国有化され、鉄道院10形となっている。池袋線の前身となる武蔵野鉄道にも同番号の機関車がいたが、全く異なる機関車で合併前までに廃車となっている。
◎東村山
1930（昭和5）年8月15日
撮影：中川清憲
所蔵：園田正雄

川越鉄道は1894年の川越線国分寺〜久米川の開業に向けてクラウス製LXをK1形1号と2号として導入した。1号は晩年、是政線（現・多摩川線）で使用され、旅客や多摩川の砂利輸送などで活躍した。是政線電化前後に廃車となり、譲渡先を探したが解体された。
◎是政
1943（昭和18）年5月
撮影：園田正雄

武蔵野鉄道は池袋〜飯能開業に向けて1914年ヘンシェル・ウント・ゾーン製のC形タンク機を1形蒸気機関車として1〜5号の5両を導入した。武蔵野線は電化が早く1922年には池袋〜所沢、1925年には飯能まで電化された。追いやられた当機は1929年に1両が他社へ、1937年には残り4両が廃車となった。
◎池袋
撮影：中川清憲
所蔵：園田正雄

1900年ナスミス・ウィルソン製C形タンク機で南海鉄道が8形20〜22号として3両導入した。1915年に南海鉄道で使用されなくなり、このうち21号は1917年に芸備鉄道に譲渡され2代目の1号機関車として、22号は1917年に武蔵野鉄道に譲渡され6号機関車として使用された。◎東広島　1929（昭和4）年9月18日　撮影：中川清憲　所蔵：園田正雄

川越鉄道が1894年に導入したK1形2号機は1918年に新しく開業する山口県の防石鉄道へ譲渡された。その際に車番は川越鉄道時代の2号をそのまま受け継いだ。防石鉄道では開業時から1956年まで使用され、路線廃止まで休車ながら車籍は残った。現在は防府市で保存されている。◎周防宮市　1957（昭和32）年8月　撮影：園田正雄

1902年にはＫ２形４号が増備された。これは親会社とも言える甲武鉄道が発注した機関車で、このＫ２形は甲武鉄道Ｋ１形機関車と同形。川越鉄道は甲武鉄道に運行委託をしており、直通運転も行っていた。同型機は他にも官設鉄道や日本鉄道など日本各地に輸入され活躍した。これら多くは国有化され、600形と称された。◎北所沢　撮影：中川清憲　所蔵：園田正雄

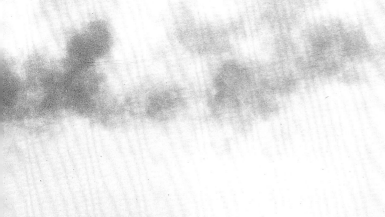

八高線丹荘駅から延びていた日本ニッケル鉄道は国鉄や西武鉄道からの借用車で主に運転を行っていた。写真は西武鉄道の6号機関車で、1962年から1965年まで借入したが、実際の使用期間は1年ほどだったという。また、この路線は1962年に上武鉄道へと改称されている。
◎青柳〜寄島
1963（昭和38）年7月
撮影：園田正雄

7号機関車は1897年アメリカのピッツバーグ製の1Cタンク機関車で、阪鶴鉄道が購入した。阪鶴鉄道が国有化されると鉄道院鉄道院2850形2851号機に。その後、播州鉄道を経て1945年6月に西武鉄道へ譲渡された。川越線や是政線などで使われ、1962年からは上武鉄道で使用されたのち現在は品川区の東品川公園で保存されている。
◎国分寺〜小川　撮影：黒岩保美　所蔵：園田正雄

1896年ナスミス・ウィルソン製１Ｂ１タンク機で1897年にＫ２形３号として導入された川越鉄道の自社発注機。川越線などで使用されたのち、1944年に５号機として改番され是政線で1952年まで使用された。その後1959年に上武鉄道に貸し出されたが1965年に返還され現在は保谷で保存されている。◎国分寺　撮影：中川清憲　所蔵：園田正雄

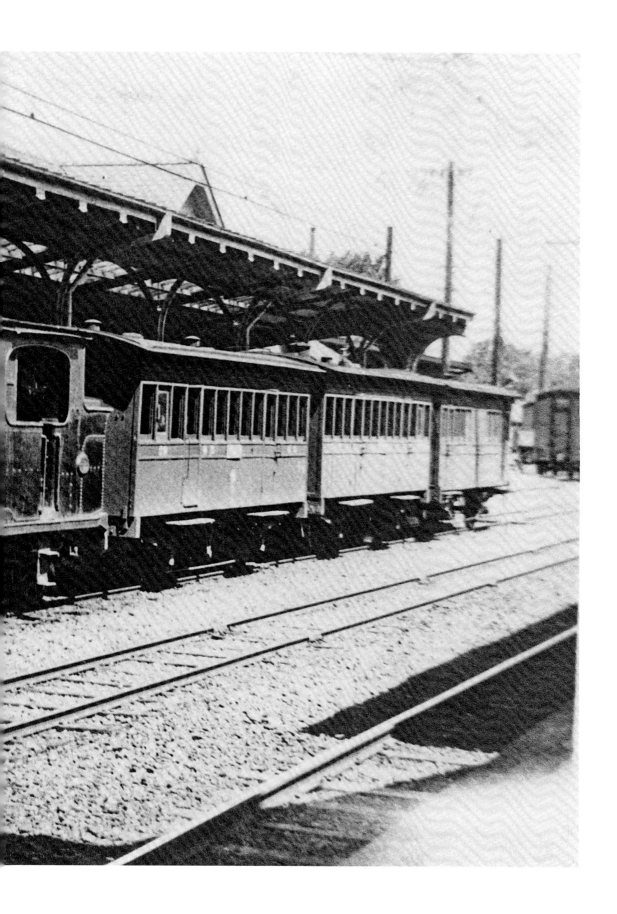

西武鉄道では１形電気機関車が３形式あった。最初の１形は1926年に信濃鉄道が３両輸入したもので１形１〜３として松本〜信濃大町で使われ、国有化後はED22形となった。1948年の廃車後、１号機が西武鉄道の１形１号機となり上石神井検車区に配置されたが、その年の10月には近江鉄道に貸し出されそのまま譲渡された。現在は弘南鉄道大鰐線にて除雪車として現役。また国鉄から岳南鉄道へ譲渡されたED22形３号機も1951年に西武鉄道へ譲渡されＡ１形Ａ１号として新宿線や国分寺線、多摩川線などで使われた。こちらはアルピコ交通新村車庫にて保存されている。
◎保谷　撮影：園田正雄

1923年に伊那電気鉄道に導入された芝浦製作所製のデキ１形は６両製造された。国有化されED31形に改番され、1955年の廃車まで飯田線で使用された。その後、１・２号機が西武鉄道へ譲渡され、３代目の１形１号・２号となった。1960年には近江鉄道に譲渡され再びED31形となっている。近年まで彦根にて保存されていたが残念ながら西武在籍車は解体された。
◎武蔵境
1955（昭和30）年９月
撮影：園田正雄

国鉄ED31形は西武鉄道へ譲渡されると、電化されていたが貨物輸送はまだ蒸気機関車が残っていた多摩川線で使われた。さて、残りの１形電気機関車は1948年に東芝車輌製の新製電気機関車。入換機として使用され当初は51形だったが、1950年に２代目１形へ改称されている。1955年に栗原鉄道に譲渡。
◎北多磨
1957（昭和32）年６月
撮影：園田正雄

電気機関車Ｅ11形11号。武蔵野鉄道が1922年の池袋～所沢間電化時に米国W.H（ウエスティングハウス）社から購入し、武蔵野鉄道時代はデキカ10形と称し、同形機は３両あった。凸形が特徴で同形のＥ12が保谷の元車両管理所で保存されている。
◎小手指車両基地　1967（昭和42）年12月10日　撮影：山田 亮

武蔵野鉄道が1927年に導入した川崎造船所製の機関車でデキカ20形21号、22号として落成した。デキカとはデンキキカンシャから取られた。西武鉄道合併後に20形、その直後に21形に、1961年にはＥ21形Ｅ21号とＥ22号へと改番されている。主に池袋線で運用され、1978年までに廃車された。武蔵野鉄道時代から在籍する最後の新造形式だった。
◎池袋　1956（昭和31）年１月　撮影：園田正雄

1926年～1929年にかけて青梅鉄道が輸入した電気機関車で、1926年製が1号形、それ以外が2号形として導入された。国有化時に1010形となり、2両が1948年と1950年に西武鉄道へ。残りの2両はED36形と改称されるが、こちらも1960年に西武鉄道へ譲渡された。4両は41形41～44号機となり、1961年にE41形E41～E44号機へと改番された。主に池袋線で使用され、1987年までに廃車となった。現在はE43が横瀬で保存されている。
◎池袋　1958（昭和33）年3月　撮影：園田正雄

西武E41形44号機。元青梅鉄道のデキ1形4号機、1930年英国製。国鉄買収後1014号になり、1952年に国鉄ED36形2号になる。1960年に西武が譲受け、E41形44号になる。1987年に廃車。1988年にJR貨物が譲受け新鶴見機関区で保存されていたが現在では解体された模様である。◎保谷　1960（昭和35）年12月　撮影：辻阪昭浩

1924年に鉄道省が輸入した電気機関車で1020形として2両が導入された。1928年にはED12形と改称され、1950年に西武鉄道へ譲渡され51形51号・52号とされたが、1961年にE51形E51・E52号へ改称され。当初は上石神井検車区に配置され、後に所沢車両管理所に転属。池袋、新宿、国分寺線で貨物列車などを牽引した。1987年までに廃車となり、E52が横瀬にて保存されている。
◎北所沢
1957（昭和32）年7月
撮影：園田正雄

1931年に成田鉄道D1001として導入された日立製DLで、日本の地方鉄道向け及び日立製作所製第1号のディーゼル機関車。多古線で使用されていたが、1944年に不要不急線となり、D1001は武蔵野鉄道へ譲渡された。しかし長くは使われず早々に除籍され、転々としたのちに1963年にD21形として新造車扱いで再び西武鉄道に戻ってきた。拝島線工事や新所沢などで使われたが、1969年に廃車となり機械扱いでしばらく使われていた。
◎玉川上水
1963（昭和38）年9月
撮影：園田正雄

西武の無蓋車トム501形654。池袋は構内が広く、国鉄との間で貨車の中継を行っていた。
◎池袋
1956（昭和31）年10月
撮影：園田正雄

元西武鉄道の
車両

武蔵野鉄道開業時の客車。
津軽鉄道（青森）に譲渡され
ハ9となる。
◎津軽五所川原
撮影：宮田雄作
所蔵：園田正雄

旧西武鉄道が戦時中に篠山
鉄道（兵庫）から譲り受け
た多摩川線用の2軸ボギー
ガソリンカーでキハ101B
と称した。元は雲仙鉄道
（長崎）の車両である。戦後
にクハ化されてクハ1101
となり、1957年に日立電
鉄に譲渡されサハ1101と
なった。
◎鮎川　1957（昭和32）年
8月　撮影：園田正雄

旧西武の木造車クハ1251
形1256は1956年に上毛電
気鉄道に譲渡され同社クハ
1061になった。
◎上石神井
1956（昭和31）年7月
撮影：園田正雄

武蔵野鉄道開業時の客車。
小湊鉄道（千葉）に譲渡され
ハフ2となる。
◎五井　撮影：園田正雄

西武モハ151形、クハ1151形は
東濃鉄道を経て総武流山電鉄（現・
流鉄）に譲渡されモハ1002-クハ
55として運行された。
◎鰭ヶ崎～平和台
1979（昭和54）年4月
撮影：園田正雄

上武鉄道（丹荘〜西武化学前）の混合列車に連結されたハフ3。旧西武鉄道が戦時中に篠山鉄道（兵庫）から譲り受けた多摩川線用の2軸のガソリンカーでレカ1形1と称した。戦後に所沢工場入換に使用された後に客車化され1963年に上武鉄道に譲渡。上武鉄道は元の名は日本ニッケル鉄道で1962年に名称変更。◎若泉〜青柳　撮影：園田正雄

駿豆鉄道（現・伊豆箱根鉄道）軌道線のモハ206は旧西武鉄道新宿軌道線の23形である。◎沼津　1957（昭和32）年3月

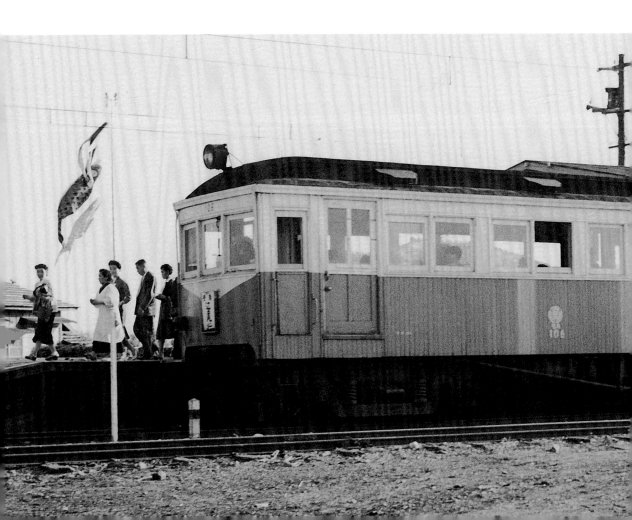

雑型木造客車を鉄道省から購入した車両で1948年にクハ1210と改番。1949年に岳南鉄道に譲渡され岳南クハ1210になった。◎鈴川（現・吉原）　1954（昭和29）年5月　撮影：園田正雄

武蔵野鉄道の木造車が戦後に近江鉄道を経て1949年に岳南鉄道（静岡）に譲渡され岳南モハ106になった。この車両は1960年に台車、機器を再利用しステンレス車体に更新された。
◎岳南富士岡
1957（昭和32）年4月
撮影：園田正雄

一畑電気鉄道に譲渡された元西武クハ1231形1235。一畑ではクハ101となる。写真後方に北松江（現・松江しんじ湖温泉）の構内が見える。◎一畑電気鉄道　北松江（現・松江しんじ湖温泉）　1979（昭和54）年8月　撮影：山田亮